我是中国人民的儿子

邓小平文物故事

邓小平思想生平研究会
邓小平故里管理局 ……… 编著

中共党史出版社

图书在版编目（CIP）数据

我是中国人民的儿子：邓小平文物故事 / 邓小平思想生平研究会，邓小平故里管理局编著．－－北京：中共党史出版社，2024.8．－－ISBN 978-7-5098-6609-2

Ⅰ．A762

中国国家版本馆 CIP 数据核字第 2024M1J744 号

书　　名：	我是中国人民的儿子——邓小平文物故事
作　　者：	邓小平思想生平研究会　邓小平故里管理局
出版发行：	中共党史出版社
责任编辑：	赵雨
责任校对：	申宁
责任印制：	段文超
社　　址：	北京市海淀区芙蓉里南街 6 号院 1 号楼　邮编：100080
网　　址：	www.dscbs.com
经　　销：	新华书店
印　　刷：	北京盛通印刷股份有限公司
开　　本：	710mm×1000mm　1/16
字　　数：	240 千字
印　　张：	18.5
版　　次：	2024 年 8 月第 1 版
印　　次：	2024 年 8 月第 1 次印刷
书　　号：	ISBN 978-7-5098-6609-2
定　　价：	78.00 元

此书如有印装质量问题，请联系中共党史出版社读者服务部　电话：010-83072535

版权所有·侵权必究

编 委 会

主　　编：蒋永清　李俊霏
副 主 编：王　桢　周才军
编写人员：周　锟　王达阳　叶帆子　孔　昕
　　　　　苏　歆　李　瀚　熊合欢　任　非

前言

习近平总书记指出:"伟大的时代造就伟大的人物。邓小平同志就是从中国人民和中华民族近代以来伟大斗争中产生的伟人,是我们大家衷心热爱的伟人。"邓小平70多年的革命生涯,同中国革命、建设、改革的历史进程紧密相连,他为党、为祖国、为人民建立的不朽功勋,为党和人民事业不懈奋斗的崇高风范,永远值得我们学习、宣传和发扬。

邓小平品格崇高、胸怀博大、胆识卓越,是伟大的无产阶级革命家、政治家、军事家、外交家。他一生留有许多宝贵文物,包括书信手稿、批示批注、讲话提纲、题词题字、办公用品和生活用具等,其中不少文物或关涉重大事件,或蕴含深刻思想,或饱含丰富感情,或寄寓深厚期望。比如,一张编号为07396的工卡,记录着一名青年赴法寻梦成为革命者的一段旅程;一份中央工作会议上的讲话提纲手稿,讲述着解放思想、实事求是、团结一致开辟新时期新道路的宣言书;一组悉心收藏的火箭模型,见证着中国科技事业的蓬勃发展;一顶朴素的鸭舌帽,承载着中国社会主义改革开放和现代化建设的总设计师对中国发展的无限牵挂;等等。

在纪念邓小平诞辰120周年之际,将这些文物串联成生动的故事,通过亲历者和见证人的回忆，充分运用档案和文献资料，讲述文物背后所反映物主的革命风范，是一件很有意义的事情。邓小平崇高鲜明而又独具魅力的革命风范，必将激励我们在为全面建设社会主义现代化国家、全面推进中华民族伟大复兴的征程上奋勇前进。

目录 | contents

1 工卡

8 《赤光》杂志

13 《来俄的志愿》

19 见证百色起义的马鞭

24 《时事新报》上的寻人启事

29 《红星》报

34 周恩来和邓颖超赠送的照片

40 解放战争中的一组电报

45 《贯彻执行中共中央关于土改与整党工作的指示》手稿

50 《京沪杭战役实施纲要》电报稿

56 给陈修和的信

61 基辅牌照相机

67 一方印章

73 一双皮鞋

- 78 　黄布工作服
- 84 　给中央的信
- 89 　给卓琳的字条
- 95 　《关于推迟招生和新生开学时间的请示报告》的批示
- 100 　国际友人赠送的新年贺卡
- 106 　《解放思想，实事求是，团结一致向前看》提纲手稿
- 112 　来自大洋彼岸的牛仔帽
- 118 　见证中国旅游业发展的白衬衫
- 124 　视察峨眉山时拄过的拐杖
- 129 　《关于建国以来党的若干历史问题的决议》
- 136 　红旗牌检阅车
- 142 　中央顾问委员会第一次全体会议出席证
- 148 　金达莱花饰书盒

- *153* 在林业部关于开展全民义务植树运动情况报告上的批示
- *160* "三个面向"题词
- *166* 给深圳经济特区的题词
- *172* 《双猫图》
- *178* "改革的总设计师"横幅
- *182* 维吾尔族小花帽
- *187* 《实践是检验真理的唯一标准》题词
- *192* "长征四号"火箭模型
- *198* 桥牌赛冠军奖杯
- *204* 夹克衫
- *210* 仙湖植物园高山榕
- *216* "希望工程"收据
- *222* 88岁的生日礼物
- *227* 鸭舌帽

- *233* 来自海峡对岸的生日礼物
- *239* 饼干盒
- *244* 磨损的手表
- *249* 轮椅
- *255* "足球集锦"录像带
- *261* 购书证
- *267* 计步器
- *274* 少年儿童送给邓小平的一组书画
- *279* 血压计
- *285* 后记

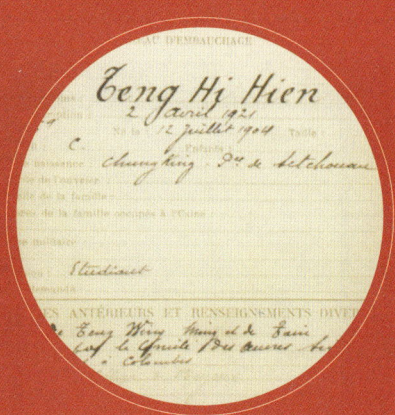

工 卡

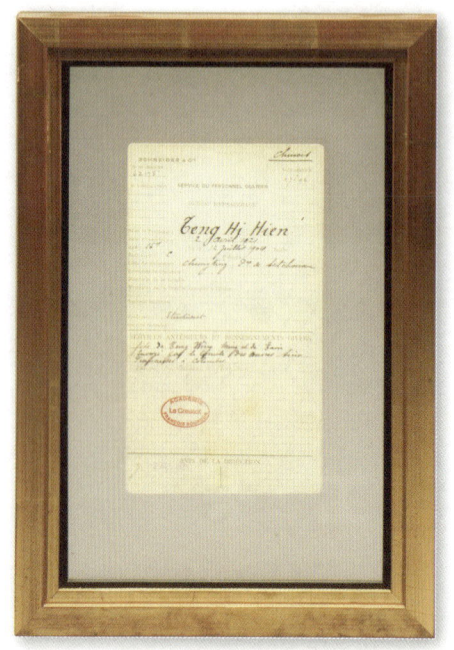

1921年邓小平在施奈德工厂的工卡。

第一张工卡

在四川广安邓小平故居陈列馆里,有一张略微发黄的卡片被摆放在大厅最显眼的位置,这是陈列馆的镇馆之宝。工卡上的法文字迹经历了一个多世纪的风雨沧桑,颜色有些变淡了,不过还可以清晰辨认:

工卡号:〇七三九六。姓名:邓希贤。年龄:十六岁。出生年月:一九〇四年七月十二日(农历)。婚姻状况:单身。出生地:四川省重庆市。职业:学生。过去工作及其他有关情况:系邓文明及淡氏之子,受哥伦布市(巴黎西郊小城市)法中救济委员会派遣在巴耶中学求学。身体状况:一九二一年四月二日体检。服务部门：轧钢车间。工种：杂工。工作能力：很好。工作表现：好。日薪金：六法郎六十生丁。评语：志愿来工厂工作……

邓希贤，也就是邓小平。这张小小的工卡，是少年邓小平在法国勤工俭学时的第一份做工记录。它记录着邓小平第一次踏入工厂的难忘经历，也见证了邓小平早年赴法寻梦的一段路程。从16岁到21岁，五年的法国时光为邓小平的一生描绘出了奋斗的底色。

每一代青少年都有自己的际遇和机缘，都要在自己所处的时代条件下谋划人生、创造历史。邓小平的出生和成长，恰逢中国成为半殖民地半封建社会，积贫积弱、落后挨打的国情早早地在少年邓小平的心里播下了革命的种子。五四时期，中国出现了留法勤工俭学热潮，有识之士以"改良社会，首重教育"相号召，"要有人到外国去，看些新东西，学些新道理，研究些有用的学问，拿回来改造我们的国家"，这是近代中国人向西方学习的历史潮流在新的历史条件下的继续和发展。周恩来、蔡和森、陈毅、聂荣臻等，中国共产党早期领导人中很多曾在法国负笈求学，邓小平也是其中一个。

1920年9月，16岁的邓小平怀揣着工业救国的远大理想，同其他80多名留法预备学校的同学一起，从上海登上"盎特莱蓬"号轮船，前往法兰西，渴望学到本领，报效国家。在经历了39天的长途旅行后，轮船到达马赛港，组织赴法勤工俭学活动的华法教育会代表和中国驻马赛领事前来迎接。《小马赛人报》当时是这样报道的："一百名中国青年人到达马赛的安德烈勒蓬桥上。他们的年龄在十五至二十五之间，穿着尖皮鞋，显得彬彬有礼，温文尔雅。"

就在到达法国马赛港的第三天，邓小平与20多名中国学生一起来到距巴黎200多公里的小城巴耶，开始了在巴耶中学的寄宿制学习生活。和邓小平一样，这些留学生大多心里都蕴藏着认识世界从而改造中国的强烈愿望，因此他们在法国的学习生活认真又刻苦。邓小平后来回忆，学校待他们像小孩子一样，每天很早就要求上床睡觉。他还说，那是一家私人开的学校，才上了几个月，没学什么东西，吃得却很坏。

1921年初，当初资助邓小平留法的华法教育会发出通告，表示不再继续资助留法学生，只有那些能自己支付费用的学生才能继续读书，其他必须自谋生路。这条通告无疑给了邓小平重重一击。尽管省吃俭用，邓小平带来的用于学习的费用依然捉襟见肘。离家时的踌躇满志，旅途中的憧憬，在这一刻全部化为了泡影。

此时，第一次世界大战已经结束两年，法国对于劳动力的需求，已经不像一战期间那样紧迫，这样的局面直接影响到了勤工俭学生们的境遇。到1920年底，在法国的1000多名中国勤工俭学生中，能够找到兼职工作的不到总数的四分之一。由于没有了任何资助和经济来源，邓小平在巴耶中学学习了5个月之后，不得不辍学。这5个月，也成为邓小平在法国的全部学习时间。从那之后，邓小平不得不开始四处寻找工作，希望能够通过劳动挣钱，继续读书。

1921年3月，经过不断努力，邓小平终于获得了在法国的第一份工作，法国最大的军火工厂施奈德钢铁厂录用了他。像邓小平这样没有技术的散工，只能从事最底层的轧钢工作，轧钢不仅劳动强度大，而且非常危险。更要紧的是，辛苦工作换来的每天6个多法郎的薪金，连饭都吃不饱，更不要说积攒上学的费用了。邓小平后来回忆说：到法国后的一段时间内，"找工作已不大容易，工资也不高，用勤工方法来俭学，已不可能。随着我们自己的切身体验，也证明了确是这样，做工所得，糊口都困难，哪还能读书进学堂呢"。

在40摄氏度以上的高温车间里，邓小平必须穿着厚厚的工作服，脚上穿一种特制的木鞋，这种鞋一不小心就会摔跤，一旦摔倒在钢材上，全身就会被烫伤。和邓小平一起到法国的胡伦也在这个厂干这项工作，他岁数和个头都比邓小平大。他后来回忆说：我"在该厂轻轧车间拉红铁，每天随机器运转，分秒不停，又热又累，还要眼明手快，稍有疏忽，就被烙伤"。工人的吃住条件也很差，20多人住一间大屋，虽设有食堂，但只提供早、晚两餐，午饭由工人们自己带到车间吃，而他们能带的基本上就是自来水和面包。做散工的工资比普通工人低，工作强度却更大，地位很低，经常受到工头的欺压和责骂。散工的法文发音为"马篓五"，学生们就戏称"马老五"。有一位四川籍的学生写了一首《散工曲》：

做工苦，做工苦，最苦莫过"马老五"。

"舍夫"（法文，即"工头"）光喊"郎德舅"（法文，意为"非上帝的善类"），"加涅"（法文，意为"赚得"）不过"德桑苏"（法文，二百个小钱，即十法郎）。

直到60多年后，邓小平回忆起这段往昔岁月还满怀感慨地说：我在法国待了5年半，其中在工厂劳动了4年，干重体力劳动。我的个子小，就是因为年轻时干了重劳动。资本主义剥削的残酷和黑暗的社会现实，给邓小平的心灵带来了极大的震动。

邓小平在这家工厂做了20多天的苦工，连饭都吃不饱，还倒赔了100多法郎。恶劣的工作环境、微薄的薪水和远超出年龄的高强度劳动，让16岁的邓小平体验了工人阶级受压迫受剥削的苦难处境，不得不作出了离开的决定。厂方在辞职原因一栏注明："体力不支，自愿离开。"他后来回忆说："过去在法国时，同样做工，我们的工资比法国人低，而法国的附属国阿尔及利亚的工人工资又比我们低，撑不起腰，低人一等啊。"

虽然在施奈德工厂做工的时间较短，但是这段经历对邓小平的道路选择有着直接影响。他对工人阶级政治上受压迫、经济上受剥削的地位有了切身体会。一旦遇到马克思主义的火苗，这些经历便可以化为薪柴，点燃起革命的火焰。更重要的是，他在这里结识了后来成为中国共产党早期领导人的赵世炎等人，并与赵世炎一同在轧钢车间做散工。赵世炎等人当时正在华工和勤工俭学生中宣传革命思想，培育积极分子。邓小平也受到了潜移默化的影响。

从施奈德工厂离开后，邓小平辗转多地，打短工谋生。他曾在火车站搬过行李、工地上扛过水泥，一切都是为了糊口。他后来曾对杨尚昆讲过：每当我能买得起一块面包和一杯牛奶时，我总是感到很高兴。这段时间他虽然对资本主义的腐朽有切身体会，但还未真正觉悟。邓小平后来回忆："生活的痛苦，资本家的走狗——工头的辱骂，使我直接的或间接的受了很大的影响，最初两年对资本主义社会的罪恶虽略有感觉，然以生活浪漫之故，不能有个深刻的觉悟。"他真正踏上革命道路是在哈金森橡胶厂做工期间。

1922年，法国经济开始好转，一些工厂逐渐恢复生产。经人介绍，邓小平前往蒙达尔纪寻求新的出路，最终在蒙达尔纪市北边的夏莱特市找到了新的工作，在哈金森橡胶厂做工。做工期间他一度萌生继续学习的念头，离开哈金森工厂准备进入夏狄戎中学上学，但还是因为钱不够无法入学，只能再次回到哈金森橡胶厂做工。哈金森橡胶厂聚集了一批进步的勤工俭学生，赵世炎经常来这里进行活动，王若飞也在这里做工。邓小平与王若飞接触较多，他们经常一起散步、交流。在赵世炎和王若飞的影响下，邓小平开始阅读《新青年》《向导》等宣传介绍马克思主义、社会主义的书报。马克思主义让邓小平明白了他做工遭遇到的苦难和剥削的根源，使他越发觉悟。据他回忆："最使我受影响的是《新青年》第八九两卷及社会主义讨论集，我做工的环境使我益信陈独秀们所说的话是对的。因此，每每听到人与人相争辩时，我总是站在社会主义这边的。"

思想逐渐觉悟的邓小平开始参加一些中国人和法国人的宣传共产主义的集会，很快便有了参加革命组织的要求和愿望。当时，中国共产党在欧洲的建党活动已在旅欧进步学生中开展起来。一批思想先进的旅欧学生在马克思主义的感召下加入了中国共产党，其中最著名的有赵世炎、周恩来等人。1922年6月3日，赵世炎、周恩来、李维汉等18名勤工俭学生在巴黎郊区成立了旅欧中国少年共产党。1923年2月17日至19日，旅欧中国少年共产党召开临时代表大会。会议决定旅欧中国少年共产党加入中国社会主义青年团，旅欧中国少年共产党改名为旅欧中国共产主义青年团。

邓小平逐步向旅欧中国共产主义青年团组织靠拢，开始参加一些活动，受到团组织的关注和重视。1923年3月7日，邓小平放弃了在哈金森橡胶厂稳定的工作，义无反顾地选择了自己的信仰。6月11日，邓小平离开夏莱特市，来到巴黎，不久便正式加入旅欧中国共产主义青年团。关于这段经历，邓小平回忆道："那时共产主义的团体在西欧已经成立了，不过因为我的生活太浪漫，不敢向我宣传，及到1923年5月我将离开哈金森时"，"舒辉暲才向我宣传加入团体，同时又和汪泽楷同志谈了两次话，到巴黎后又和穆清同志接洽，结果6月便加入了"。"我加入团体是汪泽楷、穆清、舒辉暲三同志介绍的。"自此，邓小平确立了让他为之奋斗一生的信仰，此生不渝。"我从来就未受过其他思想的浸入，一直就是相当共产主义的。"

（文／孔昕　李瀚）

《赤光》杂志

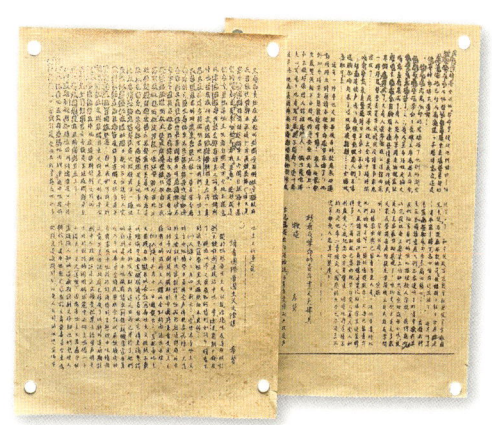

邓小平加入旅欧中国共产主义青年团后,参与编辑团的刊物《赤光》,并经常在《赤光》上发表文章。这是邓小平在《赤光》第 18 期、第 21 和 22 期合刊上发表的文章,署名"希贤"。

"油印博士"

这是一份由邓小平亲自印刷的珍贵杂志。封面中的小孩一手高举红旗,指引着革命前进的方向,一手紧握号角,时刻准备吹响向敌人进攻的强音。《赤光》见证了邓小平在法国成长为一名斗争经验丰富的革命工作者的过程。

1923 年 6 月,邓小平在巴黎加入了旅欧中国共产主义青年团,正式开始了自己的革命生涯。他一边在工厂做工,一边在旅欧共青团执行委员会(支部)担任宣传干事。1923 年底,他因工作需要离开工厂,进入书记部工作,主要工作就是参加编辑《少年》刊物。《少年》是 1922 年旅欧中国少年共产党（旅欧中国共产主义青年团的前身）成立后创办的机关刊物，主要任务是"传播共产主义学理"。当时正处于建党建团的初期，《少年》成为旅欧中国少年共产党对外宣传的一个重要窗口，重点介绍共产党的性质和作用、宣传建党建团的意义以及译载马克思和列宁著作。《少年》采取轮流编辑，邓小平、李大章负责刻蜡版，李富春负责发行。

邓小平到编辑部不久，《少年》便改名《赤光》，要"改理论的'少年'为实际的'赤光'"。相较于《少年》，《赤光》更具有战斗性。它的内容更着重于宣传反对帝国主义列强和封建军阀的压迫，阐述现阶段中国革命的任务，以配合国内推动国民革命运动的发展。《赤光》发刊词写道："我们所认定的唯一目标便是：反军阀政府的国民联合，反帝国主义的国际联合。"

邓小平在《赤光》编辑部负责刻蜡版和油印，在结束白天的工作后便立刻投身《赤光》编辑部的工作。他把周恩来写好或修改好的稿件刻写在蜡纸上，然后用一台简陋的油印机印刷，最终完成装订。邓小平的工作态度和工作能力给同志们留下了深刻的印象。据留法勤工俭学生施益生回忆："邓小平同志负责《赤光》的编辑出版工作，几乎我每次到书记局去，都亲眼看见他正在搞刻蜡版、油印、装订工作，他的字既工整又美观，印刷清晰。"因此，他还获得了"油印博士"的美誉。

《赤光》的主要斗争对象是以旅欧留学生曾琦、李璜为首的中国青年党。因他们对外用中国国家主义青年团的名义，标榜国家主义，中国青年党也被称为国家主义派。他们以在巴黎创办的《先声》周报为阵地，宣传国家至上，否定阶级斗争，否定中国共产党的政治主张，试图阻挠建立反帝反封建的革命统一战线。中共旅欧党团组织与国家主义派展开了针锋相对的斗争。周恩来、邓小平等人都曾在《赤光》上发表文章，运用马克思主义的思想武器批驳国家主义派的错误言论。邓小平后来回忆道：我在《赤光》上写了不少文章，用好几个名字发表。那些文章根本说不上思想，只不过就是要国民革命，同国民党右派斗争，同曾琦、李璜他们斗争。他的文章短小精悍、思想犀利，显示出鲜明的个人特色。

1924年10月10日前夕，国家主义派在《先声》周报上刊出启事，自称代表旅法华人组成国庆筹备处。10月10日当天，又以旅法华人各团体联合会的名义散发双十"国庆节"开会程序传单。当晚，他们召开了一个所谓的"国庆节纪念会"，试图营造国家主义派正在海外积极宣传革命的假象。并大肆宣扬说，在他们领导下举行的旅法华人"国庆节纪念会"，不仅有"侨法各界人士广泛参加，而且有两百多名法国人到会，此举大大有利于联络法国人民之感情，便于他们了解我国真相"，等等。为戳穿国家主义派拙劣的谎言，邓小平在《赤光》第十八期上发表文章《请看反革命青年党之大肆其捏造》。文章直接揭露了国家主义派利用《先声》周报捏造、散播"新闻"的卑劣行径，并揭示了背后的真相：因为在他们看来，"新闻我能时常更改或假造，以能使人愤激为目标"。邓小平在文章中质问国家主义派："当国内直皖战于南，奉直战于北的时候，而他们反歌舞于花都"，这明明是"贻笑外人"，哪里谈得上什么革命活动。

邓小平不仅仅撰文与国家主义派斗争，还撰文揭穿帝国主义的虚伪面具，唤醒国人的警惕。20世纪20年代，帝国主义曾试图以对北洋政府进行经济援助为名，对中国实现经济占领和掠夺。为了揭露他们的阴谋，邓小平撰写了《请看帝国主义之阴谋》，猛烈抨击了帝国主义建立中国版道威斯计划的企图。文章指出："这是最近国际帝国主义对于中国之阴谋！其实中国自四国银行团到新银行团之包办借债，关税盐税之外人管理，铁路航路之利权丧失……早已在比统治德国的道威斯计划还十分厉害的道威斯中了。现在它还要用新的道威斯计划来统治中国，这简直是要把穷乡僻壤都殖民地化！简直是要想吸尽全中国人民最后的那一点血！"邓小平呼吁："全中国人民反抗起来啊！打倒国际帝国主义！"

在邓小平与国家主义派斗争的过程中,他逐渐成长为一名成熟、老练的革命工作者,并一步步走向旅欧共青团的核心。1924年7月,因国内革命形势迅速发展,国内党组织召唤周恩来回国工作。在7月13—15日的旅欧中国共产主义青年团第五次代表大会上,邓小平当选为执行委员会(支部)委员。16日,他在执委会第一次会议上被选为书记处成员,负责旅欧共青团的抄写、油印及财务管理。依据规定,旅欧共青团执委会(支部)负责人要正式转为中国共产党旅欧支部的党员。因此,邓小平成了正式的中国共产党党员。此时他还不满20岁。

之后,邓小平更加积极地投身旅欧共青团的工作,宣传中国共产党的革命主张,领导法国华人的反帝斗争。旅欧共青团第六次代表大会后,邓小平被派到里昂地区开展工作。随着旅欧共青团日益活跃,法国警方也盯上了这支充满斗志的革命力量,多次逮捕、驱逐旅欧共青团的成员。邓小平临危受命,前往巴黎接替党团组织的领导工作。即使身边的同志因法国当局的压迫产生动摇,邓小平却意志更加坚定,行动更加积极。他仿佛是一块钢铁,在锤打中愈发坚实、纯粹。1926年1月,因国内急需一批政治硬、能力强的干部,邓小平被选派去莫斯科东方劳动者共产主义大学学习。至此,他正式结束了在法国的斗争生涯,踏上了新的征程。旅法期间,邓小平不仅确立了自己的信仰,还在一次次斗争中磨砺出坚定的意志,锻炼了扎实的能力,为他日后回国投身革命打下了坚实的基础。

(文/李瀚)

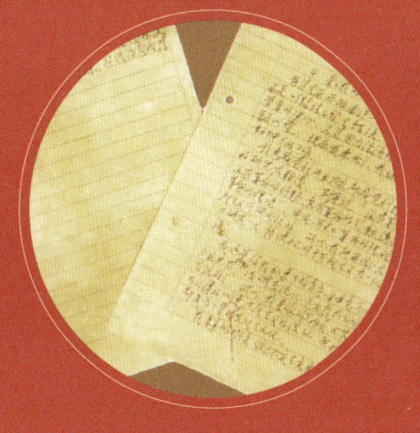

《来俄的志愿》

1926年邓小平撰写的《来俄的志愿》。

1926年1月下旬，邓小平按照莫斯科中山大学党组织的要求撰写了一份自传，第四部分是"来俄的志愿"。这份珍贵的文物，展现了青年邓小平对自己确立共产主义理想的初心剖析。

1926年初，旅欧支部执委会成员邓小平等奉组织命令辗转转移到苏联莫斯科。苏联是当时第一个将马克思主义理论实践成功的社会主义国家，莫斯科是很多共产党人向往的地方。年轻的邓小平虽然是一名斗争经验丰富的职业革命者，但他刚刚22岁，意气风发，对新知识、新世界充满向往。

自从参加革命以来，邓小平就一直希望能够得到系统的马克思主义理论的学习，这次终于得到机会近距离研究学习布尔什维克的经验了。

火车到达白俄罗斯—波罗的海火车站（原名亚历山大火车站，1922年8月改名为白俄罗斯—波罗的海火车站，1936年5月改为现名白俄罗斯火车站），中国共产党莫斯科支部的代表来迎接他们，把他们带到了苦行广场（现名普希金广场）。邓小平等人被安排直接进入莫斯科东方劳动者共产主义大学学习，不久转入莫斯科中山大学。

邓小平当初是抱着"实业救国"的愿望留学法国，但是残酷的社会现实让他的梦想化为泡影。这次到莫斯科，进入中山大学学习，是他一生中难得的平静的求学时光。他在中山大学的学号是233，俄文名伊万·谢尔盖耶维奇·多佐罗夫。

邓小平来莫斯科就是为了"弄清楚什么是共产主义"。他早就树立了坚定的革命意志，也具备一定的理论素养，但是自认为远不够，渴望得到系统的马列主义理论知识培养。邓小平在填写个人履历时写道："我过去在西欧团体工作时，每每感觉到能力的不足，以至往往发生错误。因此我便早有来俄学习的决心。不过因为经济的困难，使我不能如愿以偿"，"我更感觉到而且大家都感觉到我对于共产主义的研究太粗浅"，"我能留俄一天，我便要努力研究一天，务使自己对于共产主义有一个相当的认识。我还觉得我们东方的青年，自由意志颇觉浓厚，而且思想行动也很难系统化，这实对我们将来的工作大有妨碍。所以，我来俄的志愿，尤其是要来受铁的纪律的训练，共产主义的洗礼，把我的思想行动都成为一贯的共产主义化。我来莫的时候，便已打定主意，更坚决地把我的身子交给我们的党，交给本阶级。从此以后，我愿意绝对的受党的训练，听党的指挥，始终为无产阶级利益而争斗"。

中山大学的教学计划是为培养革命干部而安排的，非常丰富。邓小平迅速坐到书桌前，融入学习的氛围中。他的课程主要有政治经济学（以《资本论》为主），现代世界观，俄国革命理论与实践，民族与殖民地问题，中国革命运动史，世界通史（革命运动部分），社会发展史，哲学（辩证唯物主义与历史唯物主义）等。学校考虑到学员们回国后从事革命斗争的实际需要，还开设了一门重要课程——军事课，讲授军事理论，进行军事训练，还组织学生到莫斯科附近的军事学院参观和到兵营打靶。

在中山大学入学的调查表里，邓小平填写的来俄意志上写着："学习革命工具。"邓小平的学习是相当紧张的，他们一周上课6天，每天8个小时，此外还要进行很多党务活动，每天的时间都排得很满。在一份莫斯科东方大学学员《每周活动研究成绩表》中记录了邓小平1926年1月19—22日的学习情况。他写道：十九日，上课八小时；阅报或参考书半小时；阅党团出版物半小时；与三人谈话一小时；填写党团调查表二小时，共十二小时。二十日，上课六个半小时；有组织的谈话一个半小时；中大校长找去谈话四小时；散步四十五分钟，共十二小时零四十五分钟。二十一日，阅党团出版物半小时；谈话一个半小时；团体会议八个半小时；洗澡一小时；搬家二小时，共十三个半小时。二十二日，阅党团出版物四十五分钟；谈话一小时；团体会议六个半小时；晚会四个半小时；洗被子四十五分钟，共十三个半小时。关于读书情况填写：按照团体规定，读了《前进报》第四期、第五期，《列宁论党》，《向导》第一三九期。在"了解程度有无疑难处"一栏填写："无疑难处，不过不一定记得。"在"对团体的批评与建议"一栏填写："一、武装训练的规定，很合乎中国革命情形及党的需要。二、有方法实行武装训练，特别是同志间互相督促，互相训练的工作能切实做到。"在"对同志和自己的批评与观察"一栏填写："因与同志个人接触不深，故此刻没有批评。"在"对自己评价"一栏填写："我来此虽不久，团体对我已有很正确的批评，使我知道自己的缺点，向着自新的路上走去，向着使我成就一个真正的共产党员的路上走去。我已有在我的错误中去改我的错误的决心，使自己得到进步。"①

邓小平还曾担任第九班中共党小组组长，对党小组的工作非常热心。6月16日，邓小平填写过一份《党员批评计划案》。他评价自己：一切行动合乎党员的身份，无非党的倾向；守纪律；对党中的纪律问题及训练问题甚为注意，对一般政治问题亦很关心且有相当的认识，在组会中亦能积极参加讨论各种问题，且能激动同志讨论各种问题；且能在国民党中未消灭党的面目、适合实行党的意见等。他认为自己"适合做宣传及组织工作"。邓小平关于自己的评价反映出他对原则问题非常清醒、毫不含糊，对自己的工作定位有清晰的认识。党组织对邓小平的评价也非常积极，11月5日莫斯科中山大学联共（布）党支部书记阿戈尔在邓小平的鉴定中写道："多佐罗夫同志是一个十分积极、精力充沛的党员和共青团员（联共〈布〉预备党员）。他是该大学共青团委会的一名优秀组织工作者，组织纪律性强，有克制能力，学习能力强，在团委会的组织工作中积累了丰富的经验，进步很快。积极参加社会工作，同其他人保持同志关系。学习优秀，党性强（单独开展工作，单独做国民党党员的工作，被指派做这项工作的都是最优秀的党员）。""该同志最适合做组织工作。""他具有在法国无产阶级组织的工作经验。"

中山大学因为与中国政局变化以及苏联国内的政治氛围联系紧密，是中国政治形势变化的晴雨表。邓小平后来被编入人称"理论家班"的第七班学习，这个班"是政治上最强，斗争最剧烈，人才最集中的一个班"。班里聚集了当时在校的国共两党党员中有影响、有政治前途的学员，中共方面有邓小平、傅钟、李卓然、左权、朱瑞等；国民党方面则有谷正纲、谷正鼎、康泽、邓文仪、陈春圃、屈武等。按邓小平的说法，共产党和国民党的尖子

---

① 《邓小平传（1904—1974）》，中央文献出版社2014年版，第61—62页。

人物都在一个班。因此，这个班很有名，经常组织讨论有关中国的一些重要问题。国共双方学生争论的主要问题是：新三民主义与共产主义的异同、中国革命的道路和前途、中国无产阶级和资产阶级的作用等。邓小平是经常同国民党右派学生激烈辩论者之一。他犀利的词锋、雄辩的口才是出了名的，有"小钢炮"之称。

1926年5月初，冯玉祥在李大钊的安排下到苏联进行访问，为争取苏联扩大军事援助进行谈判。三个多月后，冯玉祥回国宣布加入北伐，并向莫斯科求援。共产国际向冯玉祥推荐了中山大学和东方大学的20多位学生，其中包括邓小平。在派到冯玉祥部工作的人员名册上，莫斯科中山大学给邓小平的鉴定是："非常积极，有能力，是一名优秀的组织工作者。守纪律，沉着坚定。学习优秀。党性强。"邓小平到苏联学习就是为了掌握革命的工具，他一直记得离开法国时旅欧地方团执委的公告中说的："同志们！当我们底战士，一队队赶赴前敌时，我们更当紧记着那'从早归国'的口号。"因为革命的需要，1926年底邓小平毅然中断在中山大学的学习，启程回国。他经过南西伯利亚、蒙古到达西安，在冯玉祥的国民军联军中做政治工作，投入轰轰烈烈的国民革命之中。

（文/王达阳）

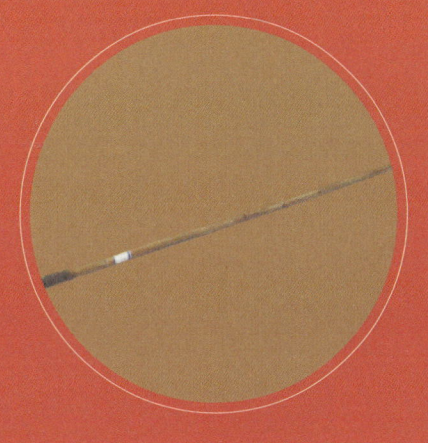

见证百色起义的马鞭

邓小平在领导百色起义时用过的马鞭。

　　这根带铜套头的藤制马鞭距今已保存近百年，乍一看平淡无奇，却是当年邓小平领导百色起义时使用过的。

　　1930年秋的一天早上，时任广西前敌委员会书记的邓小平，骑马从广西恩隆县（今田东县）到林逢镇召开干部群众座谈会，了解当地情况，听取群众心声，对如何有效开展土地革命提出指导意见。傍晚时分，邓小平匆忙赶回县城，将随身携带的马鞭遗忘在了村里。最先发现这根马鞭的是林凤区苏维埃政府的炊事员黎爱廷，他将马鞭收起来，想着下次再见到邓小平时亲手交给他。谁知，不久后邓小平率部队离开了。为防止敌人反攻根据地时暴露邓小平的行踪，黎爱廷在自家泥墙上挖了一条缝隙，将马鞭进行了蒸煮处理，涂上桐油，放至缝隙中加以保存。1958年黎爱廷去世前，又将这根马鞭托付给外甥，并再三叮嘱这是邓小平用过的马鞭，好生保管。

这根马鞭珍藏至今，实属不易，体现了壮乡人民对邓小平的深厚情谊，也蕴藏着一段珍贵的革命往事。

1929年8月，为在俞作柏、李明瑞等广西上层人士中开展统一战线工作，同时以中共中央代表的身份全面领导广西党组织工作，邓小平从上海启程，经香港取道越南，秘密前往广西。

到达广西南宁后，邓小平化名邓斌，公开的身份则是广西省政府秘书。第一次蒋桂战争结束后，广西省政府主席俞作柏和国民党军编遣委员会广西分区特派员李明瑞掌握了广西的军政大权，他们企图建立一个独立于南京政府和新桂系之外的政权。邓小平正确地分析俞作柏、李明瑞主桂前后的政治态度和广西错综复杂的阶级关系变化情况，确定对俞作柏、李明瑞采取团结、教育、争取的方针，帮助他们整顿和培训部队，共筹反蒋、反新桂系军阀的大计；同时确定坚持党的独立自主的原则，趁机开展兵运工作和发展革命力量。在邓小平的指导和推动下，这一系列卓有成效的工作，使得在大革命失败两年多后广西出现了中国共产党和国民党左派密切合作的局面。对此情形，新桂系首领李宗仁也不得不叹服："桂省几成共产党之西南根据地"。经过两个月的努力，中共广西党组织和党领导的武装即得到一定程度的恢复。到10月，广西全省已健全的县委和特别支部有9个，正在恢复和健全的县委有5个。全省已有共产党员420人，团员130人。

然而就在邓小平顶住各方面压力，全力推动广西工作时，广西局势却发生了突变。汪精卫策动张发奎反蒋，由湖北南下攻占广东以之作为反蒋的基地，并派薛岳到南宁游说俞作柏、李明瑞共同反蒋。俞作柏、李明瑞错误地判断了形势，寄希望于张发奎联合举兵反蒋。二人不听我党劝告贸然出兵，自9月27日通电反蒋后，不到十天便败退南宁。这次兵败使反革命势力嚣张起来，形势异常严峻。邓小平立即决断，即刻举行兵变，将我党控制的部队调离南宁，拉到左右江地区，同农军结合起来，建立农村根据地。事实证明，邓小平正确贯彻执行了党的兵运工作策略，在广西得到了成功实践。10月13日，由我党控制的部队迅速撤离南宁。14日清晨，邓小平最后一个登上汽船，指挥部队前往百色。

1929年10月22日，邓小平率部队进驻右江地区的百色县城。右江地区是广西土地革命和革命武装斗争开展较早的地方，农民领袖韦拔群率领的由壮、瑶、苗等少数民族群众组成的一支农民游击队，长期活跃在这里。邓小平后来回忆说："广西右江地区，是一个比较有群众基础的地区，这里有韦拔群同志那样优秀的、很有威信的农民群众的领袖。"10月23日，邓小平主持召开党的会议，为起义做准备工作。会议作出四项决定：1.广泛宣传发动群众；2.继续整顿和改造部队；3.武装工农，大力支持工农运动；4.继续清洗部队中的反革命分子。

会后，起义的准备工作紧锣密鼓地开展起来。首当其冲的是武装群众。邓小平通过右江地区各县党组织，将从南宁运来的5000支步枪，分给东兰、凤山、奉议、平马、果德、向都六县农会，武装群众、组织农军。同时，邓小平亲自做工会组织的发展工作，发动工人群众先后建立各行业工会19个，还建立了百色总工会，并组建起百色工人赤卫营。不仅如此，邓小平深知政治教育对于改造旧军队的重要性。在他的具体指导下，警备第四大队队部设立了政治委员会，各营、连设立了政治委员即指导员，几级政工干部运用各种形式启发士兵的阶级意识。为了加强宣传鼓动工作，邓小平指导创办了《右江日报》和《士兵之友》等报刊，在部队和群众中公开宣传我党的政治主张。

10月30日，中共广东省委通知广西特委：决定成立中共广西前敌委员会，由邓小平担任前委书记。随后，中央同意在左右江地区举行武装起义、创建红军和革命根据地。接到命令后，邓小平综合考虑右江地区实际情况，决定将起义时间推迟到广州起义两周年纪念日举行，并加紧做好起义准备工作。12月11日，在百色东门广场上，汇集了工人、农民、职员和青年学生3000多人。千余名官兵领系红带，在红七军军旗下庄严宣誓，中国红军第七军宣告成立。12月12日，右江第一届工农兵代表会议举行，选举产生了右江苏维埃政府领导成员，并在平马举行有三四万人参加的庆祝大会。"共产党万岁！苏维埃万岁！红七军万岁！"欢呼声、锣鼓声响彻百色大地。百色起义后，邓小平和张云逸又于1930年2月1日领导和发动了龙州起义，成立了红八军和左江革命委员会。

百色起义是土地革命战争时期继南昌起义、秋收起义和广州起义之后，中国共产党领导发动的影响较大的武装起义。作为主要领导者和组织者，邓小平以高超的革命胆略和非凡的革命谋略，把握土地革命战争时期的战争规律和特点，从广西实际出发，进行了一次"农村包围城市、武装夺取政权"这一中国革命道路的生动实践，实施了一系列创造性的革命工作。

（文／苏歆）

《时事新报》上的寻人启事

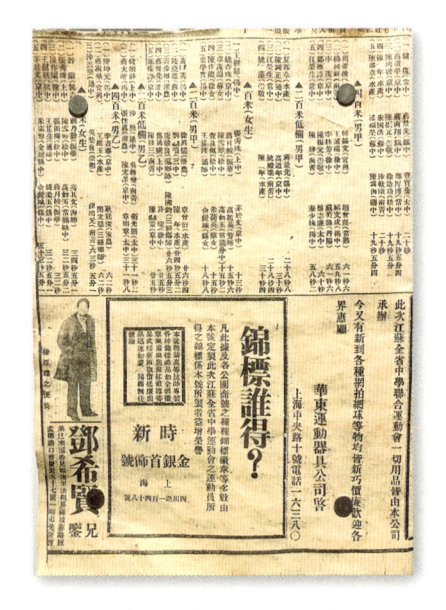

《时事新报》上的寻人启事。

1931年5月2日,上海《时事新报》刊登了这样一则寻人启事:"邓希贤兄鉴:弟已来沪希见报速至法租界萨坡赛路辣斐德路口普庆里五十七号一晤。弟先修启。"

邓小平见启事后反复思索,会是自己的弟弟邓先修(即邓垦)吗?自己离开家时弟弟只有几岁,这些年自己又同家里断了联系,这则启事真假难定,不能贸然上门寻亲。后来,邓垦回忆了兄弟二人见面的情景。"哥哥派人化装了之后,到报上登的那个地方来了解,看那儿有没有一个叫邓先修的人。经过几番打听,确定了有我,后来他就自己来了。""有一天下午,我们四个同乡、同学,正在房子里聊天,突然之间有一个人敲门问:这儿有没有一个邓先修?他当时穿着长袍,戴个礼帽,还穿着皮鞋……我说我就是邓先修。他说:好,看到你登的报。你收拾收拾马上跟我走。之后,他简单地问了一下家庭情况,我还告诉他,我这次到上海是来求学的。他说:不要多说了,其他的事情以后再说,现在你立刻搬家,越快越好。不仅你自己要搬,而且你那三个同学都要搬,全部离开这个地方。"

本是兄弟二人团聚的幸事,邓小平为何会如此谨慎呢?这就要从大革命失败以后说起。

蒋介石和汪精卫背叛革命后,各地党组织遭受到了严重摧残,年轻的中国共产党遭受到了前所未有的严峻考验。据不完全统计,从1927年3月到1928年6月,被杀害的共产党人和革命群众达31万多人,其中共产党员2.6万多人。党内许多重要领导同志如陈延年、赵世炎、罗亦农、彭湃、杨殷等先后被捕牺牲在敌人的屠刀下,党员数量也由党的五大召开时的近5.8万人急剧减少至1万多人。在白色恐怖笼罩全国的恶劣环境下,中国革命进入低潮,党的组织只能全部转入地下。为了适应秘密的工作环境,原名"邓希贤"的他从此改名为邓小平。

1927年9月,中共中央召开了政治局常委会议,决定迁往上海。邓小平随中央机关从武汉来到了上海。当时在中共中央机关工作的黄玠然,后来回忆邓小平工作情况时说:"邓小平是秘书长,负责记录,有时也请别人记录。但他也发言,秘书长有权发言,也有权提出问题,因为秘书长要负责处理政治局会议决定的工作,起一个承上启下的作用,责任很大。秘书长知道的事情多,处理的事情多,所以他的工作直接牵涉到中央的安危。""秘书长还要负责中央机关秘书处的工作。可以说,不但管的事多,而且责任很大。"

由于国民党特务机关活动猖獗,中央机关办公和活动的地点一般都选定在比较隐蔽的租界区内。楼上挂着"福兴字庄"的招牌，楼下是"生黎医院"，这幢位于四马路（福州路）天蟾舞台后面四四七号的小楼，承办了从1927年11月到1931年4月中央大多数的临时政治局会议。除此之外，中央机关还分散在其他几个地方办公和活动，如同孚路柏德里七百号、永安里一百三十五号、五马路的清河坊等。各机关的工作人员约200人，且规定各机关之间禁止往来。

作为中央秘书长，邓小平要完全掌握中央活动的地点和各部门的办公地址，严格遵守保密规定。为保证安全，中央的负责人要不断变换住址且彼此不知晓，由邓小平单线联系。在白色恐怖下，敌人竭力利用各种特务手段，包括叛徒的告密，穷凶极恶地搜索并破坏党的各级机关。党内经不住考验而变节投敌、出卖组织和同志的现象时有发生，这更给安全保卫和保密工作带来了困难。邓小平胆大心细，遇到这样的突发事件总是当机立断，及时采取有效的措施，减少损失，消除后患，可想其责任之重大！后来，回忆起这段特殊时期时，他曾感慨地说："那时吊起脑袋干革命"。

为了适应秘密工作的需要，党中央还提出一项要求，党的"负责干部职业化"，就是以某种职业为掩护。于是，邓小平在浙江路清河坊开了一家二层楼的杂货铺。楼上是住的地方，楼下卖香烟、肥皂之类的铺面。他经常头戴礼帽，身穿长袍，俨然一个阔老板。后来邓小平将这家杂货铺交给当时在中央机关工作的张纪恩经营，自己又另外租房，开了一家古董店，用作党中央同共产国际代表的联络点，在这里传递消息、情报和文件。在一般人看来，共产国际代表都是外国人，外国人喜欢逛中国的古董店，出入自然不会引起怀疑。

为什么邓小平讲"那时吊起脑袋干革命"，除了严格的地下保密工作外，自身安危也随时会受到威胁。据邓小平回忆，做秘密工作既紧张又危险，最大的危险有两次。一次是在1928年4月15日，何家兴叛变后出卖了罗亦农（时任中共中央政治局常委、组织局主任）。邓小平去和罗亦农接头，办完事刚从后门出去，巡捕就从前门进来了，罗亦农被捕。前门一个特科扮成擦鞋匠的同志用手悄悄一指，他就知道出事了，相差不到一分钟的时间。还有一次，中央特科得到情报，巡捕发现了周恩来的住处，即刻通知周恩来搬家。邓小平当时不在家，没有接到通知。当他回来敲门时，巡捕正在里面搜查。幸好特科有内线在里面，答应了一声来开门。邓小平一听声音不对，赶快就走，脱离了危险。

从1927年7月到1929年8月，邓小平在党中央机关工作了整整两年，在中共中央秘书和秘书长这一特殊的工作岗位上，亲历了党的许多重大事件，经受住了各种历练和考验。尤其是在白色恐怖的极端环境中，积累了丰富的地下工作经验，培养了严格的组织纪律观念和严谨细致的工作作风，为其今后担负党内更重要的工作打下了坚实的基础。

（文／苏歆）

《红星》报

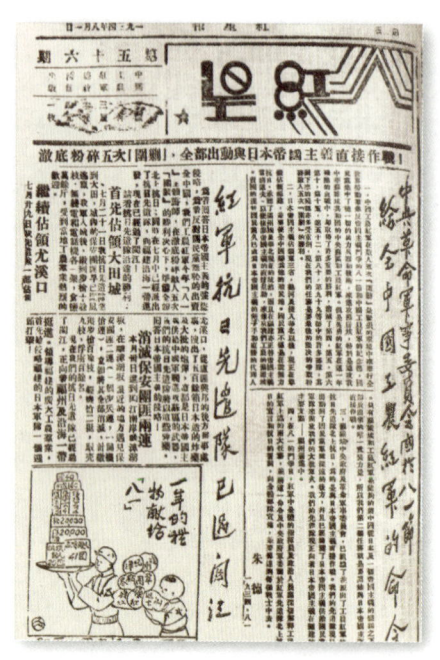

1934年中国工农红军总政治部出版的《红星》报。

闪闪的红星

　　《红星》报，创刊于1931年12月11日，是中央革命军事委员会的机关报，由红军总政治部编辑出版，内容主要是反映红军和根据地军民军事斗争的情况。1933年夏，邓小平从宁都农村调到红军总政治部担任秘书长。几个月后，邓小平提出希望能多做一些实际的工作。于是，总政治部安排他到下属的宣传部当干事，除做一般宣传工作外，主要负责的就是主编《红星》报。

　　《红星》报开始时名义上为五日刊，实际上是不定期刊，短则两天一期，长则半月一期，一般为四开四版，有时多到八版，有时单独发号外。邓小平接手《红星》报时已改为三十二开油印期刊。他主编的第一期《红星》报是在1933年8月6日出版的，恢复了原来的铅印四开四版，期号顺序没有续前三十五期，而新编为第一期。

邓小平说是主编，其实手下只有几个人，很长时间内只有两个人，几天要出一期，工作量很大。邓小平从策划、组稿、编辑、印刷到发行，都由他一手包办。美术编辑、校对也是他。手写体的文字标题，大多是由他写下后，别的人在木板上刻下字模，再印到报纸上去的。由于印刷厂的设备陈旧简陋，铅字不够用，邓小平出主意，用大号铅字印标题遇到缺字时，就将几个小号字拼在一起用。此外，邓小平还要充当记者、评论员的角色，经常为报纸写稿。《红星》报上刊发的许多消息、通讯、评论、社论甚至启事，都出自他的手笔。他写的稿大都不署名或用化名。晚年，他的小女儿毛毛把中央档案馆汇集的《红星》报拿给他看，问哪些文章是他写的。他一摇手说："多着呢！谁还分得清楚！"

凭着敏锐的政治头脑、深厚的文字功底，还有一手好字，邓小平很快就把报纸办得红红火火。不久，他将报纸扩为四开八版，到1933年10月，又增办了《红星》副刊。

在编辑《红星》报的过程中，邓小平非常重视发挥《红星》报作为红军的"政治指导员"的作用。他认为，《红星》报担负的很大的任务，就是"加强红军里的一切政治工作（党的，战斗员群众的，地方工农的），提高红军的政治水平线，文化水平线，实现中国共产党苏区代表大会的决议"。为了增强报纸的理论性、扩大影响力，邓小平经常约请中央党政军领导同志和各方面负责人为《红星》报起草社论，撰写文章。从署名看，周恩来、博古、洛甫、朱德、王稼祥、贺昌、罗迈、彭德怀、聂荣臻、陈云、李富春、陈毅等都在《红星》报上发表过文章。

为了把《红星》报办好,邓小平还想了很多办法。考虑到红军战士和苏区群众的文化水平比较低,为了把报纸办得通俗易懂;同时又适应不同文化程度读者的需要,在邓小平任主编期间,《红星》报开辟了十多个专栏和副刊。如"列宁室"专栏,主要是指导革命理论的学习,有一定的深度,曾组织开展"战争问题"和"巴黎公社问题"的讨论;"红板"专栏,专门刊登介绍红军和苏区先进人物事迹的文章;"铁锤"专栏,主要刊登批评各种违犯党纪军纪、破坏军民关系现象的文章;"卫生常识"专栏,介绍一些常见病、多发病以及防病治病、火线救伤的医药知识,这在当时苏区条件艰苦、缺医少药的情况下,是很有用的;"军事常识""军事测验"等小栏目,是红军战士很感兴趣的,介绍战略战术方面的常识性知识、小知识。一位在红军彭杨学校工作的读者就曾给编辑部来信说:"《红星》刊物登载的各种作品,的确引起了我们热烈研究和注意;军事测验问题更适合一般战士的要求,因此我们在课余时间,常向学生讲答,收到了相当效果。"

长征开始后,邓小平和《红星》报编辑部随总政治部机关被编入第二野战纵队。这时,党中央在中央苏区办的其他报刊都已停办,《红星》报是跟随党中央和中央红军一起行动的唯一报刊。《红星》报编辑部的两名工作人员各挑着两只铁皮箱子,走在队伍的中间。铁皮箱里面装着办报的全部设备:一台钟灵牌油印机、几盒油墨、几筒奥国蜡纸、两块钢板、几支铁笔和一些毛边纸。《红星》报变成了一张挑子上的报纸。

行军途中办报十分紧张。邓小平一边赶路,一边搜集各方面的情况和材料。一到宿营地,别人睡觉时,他就把铁皮箱当成办公桌,写稿、编稿,刻写蜡版,油印报纸。

1934年10月21日,红军突围战斗打响。就在突围战斗打响前夕,10月20日,邓小平主编的长征中的第一期《红星》报出版了。头版刊登的文章是《突破敌人封锁线,争取反攻敌人的初步胜利!》。文章简明地指出了红军战略转移的必要性和红军面临的战斗任务。并发出号召："在新的任务与新的战斗的面前，要求每个红色军人以最负责的态度、自我牺牲的精神，坚决的执行上级的指示和命令，用自己的模范来影响和领导其他同志"。

由于十多天来，机关和部队在博古和李德等少数人的策划下秘密行动，红军指战员们已经听不到党中央的声音了。当他们终于看到了熟悉而喜爱的《红星》报时，都把它看成是党中央的声音，一扫离开中央苏区的沉闷心情，感到兴奋和鼓舞。

在随大军西进的进程中，《红星》报一时间成为阐释、宣传党中央和中革军委战略意图、行动方针的重要渠道。邓小平凭借丰富的政治工作和军事工作经验，紧密配合部队的行动办报，努力使《红星》报发挥指导红军各方面工作的作用。同时，长征中的《红星》报，仍然保持了它贴近普通战士的风格，经常针对红军战士行军作战中碰到的一些具体问题，刊登一些小知识性文章。比如，因离开苏区时走得匆忙，很多战士草鞋备得很少，有的甚至没有穿鞋打赤脚行军。《红星》报第四期就刊登了《怎样解决草鞋问题？》的小文章，这篇文章看起来很小，却帮助部队解决了大问题。

遵义会议后，邓小平告别了他工作了一年半的《红星》报编辑部，接受党中央、毛泽东赋予的新的更加重要的任务。到这时，经邓小平主编的《红星》报已出版了70多期。在邓小平的策划、编辑下，《红星》报深受广大红军指战员和苏区干部群众的欢迎和喜爱。红一军团干部彭加伦在给《红星》报编委的一封信中说："红星在部队中起了它很大的领导作用，成为了我们战士的良友，它是这胜利的革命战争中的一支有力喇叭，现在我们火线上时刻的盼望着红星的速来，无论在行军驻军总听得着我们战士热闹的读报声。"

（文／叶帆子）

周恩来和邓颖超赠送的照片

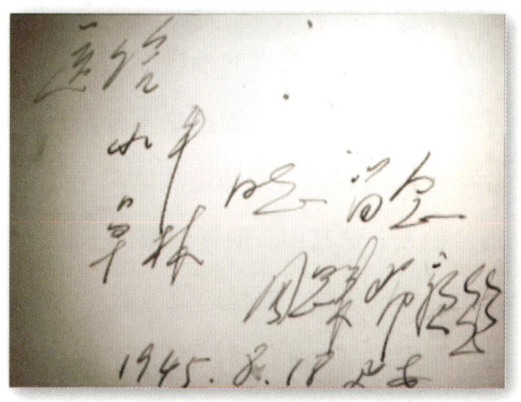

周恩来和邓颖超赠送的照片。

1945年8月18日，在抗日战争胜利后的第三天，周恩来把他和邓颖超的一张合影送给了邓小平。这是邓小平拥有的唯一一张周恩来所赠的照片，因此邓小平和卓琳对这张照片格外珍视。从1945年到2009年卓琳去世，这张老照片被邓小平和卓琳悉心珍藏了64年。

照片的背面是周恩来亲笔写下的：

送给

 小平、卓琳同志留念

   周恩来、邓颖超

  1945.8.18 延安

周恩来和邓小平,是中国共产党内两位史诗般的传奇人物。他们相识于 20 世纪初的法国,之后,在长达半个多世纪的漫长岁月里,他们一直保持着亲如兄弟的情谊。无论是在白色恐怖的上海,还是在风云变幻的中央苏区;无论是在战争年代,还是在和平建设时期,他们一直亲密合作,并肩同行。

1923 年,19 岁的邓小平在法国投身革命,结识了比他年长 6 岁的旅欧中国共产主义青年团书记周恩来。随后,邓小平加入旅欧中国共产主义青年团,并在周恩来的指导下,从事《赤光》杂志的编辑工作。这段时间,邓小平和长他 6 岁的周恩来十分亲近。对于邓小平而言,要说在法国勤工俭学最大的收获,无疑是从此真正走上了共产主义道路,认识了一批志同道合的人。这其中,他最看重的一位,便是周恩来。年轻时的周恩来稳健潇洒、朝气蓬勃,更是一位善解人意的兄长,邓小平从他身上学到了很多东西。白天,邓小平负责杂志的刻写、印刷、装订,晚上,要是工作得太晚,他就在周恩来的小房间里打起地铺。

当两个年轻人结束了一天辛勤的工作,也许躺下时仍旧兴奋地聊着天,畅想着革命事业的美好明天。不难想象,之前一直在各个工厂辗转工作,还未寻到人生方向的邓小平,在遇到了周恩来之后是有多么的欣喜。有了这样一个并肩战斗的兄长,在生活上给予扶持,在精神上给予激励,远在异国的日子都不再难挨。

两人的第二次交集是在白色恐怖弥漫的上海。那时,周恩来是中共中央政治局常委会的秘书长,负责主持中央工作;邓小平则是中共中央的秘书长,主持中央机关日常工作。相识多年,使他们两个人的配合十分默契。在之后十余年的战争年月里,周恩来和邓小平,通常的情况下,一个坐镇后方,一个则在一线直面强敌,难得的几次相聚,也是匆匆而别。直到 1952 年 7 月,邓小平奉命进京担任政务院副总理,周恩来和邓小平才又一次开始并肩合作。

1954年10月15日，政务院更名为国务院后，邓小平一直作为国务院副总理协助周恩来工作。1956年，邓小平在八届一中全会上当选为中央委员会总书记。他与周恩来一个是党内总管，一个是政府总理，互相信任，互相理解。

那时候，周恩来与邓小平两家都住在中南海，距离不远，关系十分亲密。据邓小平的女儿邓榕回忆，小时候，在中南海有很多孩子，大家都叫周恩来和邓颖超作周伯伯、邓妈妈，他们兄妹几个也是这么叫。但是后来父亲和母亲就告诉他们：你们以后叫邓妈妈不要叫邓妈妈，要叫姑妈，因为邓颖超就像我们的姐姐。

然而这段美好的时光并没有一直持续下去，周恩来和邓小平之间良好的合作关系，因为突然到来的"文化大革命"而中断。1969年，在"文化大革命"中被打成"党内第二号走资派"的邓小平，被疏散到江西劳动。在北京苦苦支撑的周恩来，仍竭尽所能地为老友一家在江西疏散的大小事宜做了细致安排。

1972年1月6日，在"文化大革命"中受到冲击的陈毅元帅在北京与世长辞，毛泽东带病出席了追悼会。在追悼会上，里穿睡袍外罩大衣的毛泽东当众提到邓小平属于人民内部矛盾。一旁的周恩来敏锐地捕捉到了这个积极的政治信号，开始为邓小平的复出铺路。

1973年2月，在被疏散了3年之后，邓小平才踏上返京之路。出于周恩来与邓小平之间的深厚感情，回到北京之后，第一个到邓家看望邓小平的便是邓颖超。在江西一直与世隔绝、不知中央情况的邓小平，这才第一次从邓颖超口中得知周恩来患上了癌症。卓琳当场就哭了，邓小平则陷入了长久的沉默。4月初的一天，在玉泉山，周恩来、邓颖超夫妇见到了邓小平、卓琳夫妇，并共进晚餐。那顿晚餐的气氛、谈话的内容，今天的我们已无从得知。邓小平在多年后回忆起此事时只说了一句："我们去看总理，看到他瘦得不成样子了。我们相对无言。"

在周恩来的安排下，1973年4月12日，邓小平亮相在欢迎西哈努克亲王一行的宴会上。这是邓小平自1967年离开政治舞台后的首次亮相。同年12月22日，周恩来亲笔起草了通知：遵照毛主席的提议，中央决定邓小平同志为中央政治局委员，参加中央领导工作，待十届二中全会时追认；邓小平同志为中央军事委员会委员，参加军委领导工作。

然而此时，周恩来病情已愈发严重。在经过几次大手术后，体重直线下降，身体虚弱到已不允许他进行任何长时间的工作。于是，他将起草四届全国人大《政府工作报告》的任务交给了他最信任的邓小平。从1949年起，这是周恩来担任总理的第26个年头。虽然不愿承认，但邓小平此时也许隐隐感觉到了，这将是他敬爱的兄长所作的最后一次《政府工作报告》。

因为周恩来需要在会场上站着念完《政府工作报告》，而他的身体状况根本不允许他坚持太长时间。于是，邓小平建议，并报毛泽东同意，决定把此次《政府工作报告》限定在5000字以内。这是1974年11月，距离三届全国人大召开，已经过去了十年。太多的问题和工作要说，但字数却只能限定在5000字以内。为此，邓小平亲自草拟了三段文字，再和起草班子一起研究，一个字、一个字地将总字数压了下来。

会议结束后，周恩来向中央提出了一项重大建议。他建议国务院的日常工作由邓小平全面负责。复出工作仅一年多，邓小平就被赋予了党政军大权，并大张旗鼓地开展整顿。面对这样的情形，"四人帮"在恼怒、恐慌之余，开始不断寻找并利用一切机会，企图阻碍邓小平的正常工作。然而，就算压力再大，工作再忙，邓小平也会抽出空来，陪着邓颖超一起同周恩来的主治医生定期开会，研究治疗方案。

1975年9月，周恩来病情迅速恶化，需要进行一次大型手术。邓小平、李先念、汪东兴、邓颖超等都在医院守候，这其中还有张春桥。在将要到达手术室门口的时候，周恩来突然问到，小平同志在吗？邓小平赶紧走了过去，俯在周恩来的头旁。周恩来紧紧握着邓小平的手，声音扬得很高说道：过去一年多的工作证明你比我强得多！

多年后，当邓小平再次回忆起那时的情景时曾说："总理讲的是心里话，也是讲给'四人帮'听的。"病榻上的周恩来深知此时邓小平处境的艰难，用尽生命的全部气力喊出的话语，既是对邓小平这一年多所付出努力的肯定，也坚定地表达了自己对邓小平的绝对支持。

1976年1月8日，周恩来永远停止了呼吸。在那场举国哀痛的追悼会上，邓小平为周恩来这位兄长致悼词。生平从不轻易表露情绪的邓小平在致悼词时几度哽咽。

1980年8月，邓小平在接受意大利女记者奥琳埃娜·法拉奇的采访时，曾这样谈起周恩来："周总理是一生勤勤恳恳、任劳任怨工作的人。他一天的工作时间总超过十二小时，有时在十六小时以上，一生如此。我们认识很早，在法国勤工俭学时就住在一起。对我们来说他始终是一个兄长。我们差不多同时期走上了革命的道路。他是同志们和人民很尊敬的人。"

家人也曾经问过邓小平，你这辈子跟谁最亲密？邓小平想了一想说还是周总理，对我来说他始终是一个兄长。

（文/叶帆子）

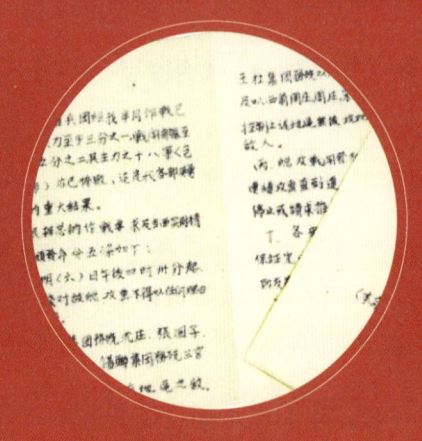

解放战争中的一组电报

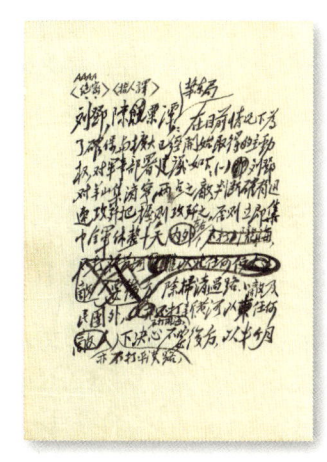

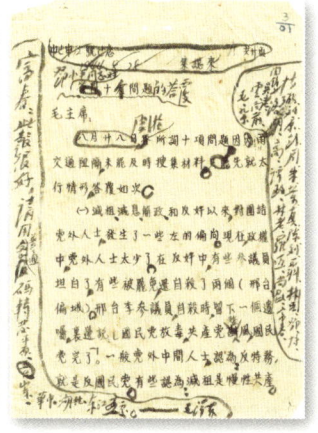

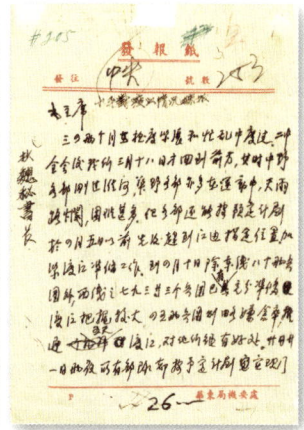

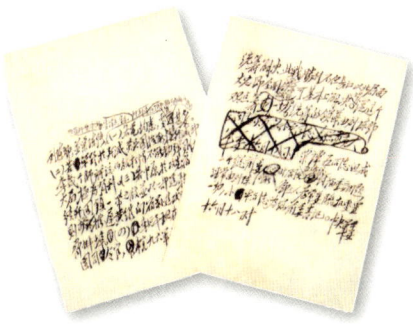

这是解放战争中的一组电报。

1947年7月29日,邓小平收到一封来自毛泽东的秘密电报,赫然写着"现陕北情况甚为困难"。随后8月6日,中央军委和毛泽东接连给刘伯承、邓小平发来三份电报。这一份份秘密急电,牵动着刘、邓二人,更牵动着整个解放战场的局势。

历史的指针拨回1946年6月26日,国民党蒋介石集团悍然撕毁停战协定,大举围攻中原解放区。我军以自卫战争粉碎了国民党的军事进攻。自1946年7月至1947年2月,共歼灭国民党军队71万多人。蒋介石企图

解放战争中的一组电报 | 41

以速决战的方式在短期内消灭人民革命武装力量的阴谋宣告破产，不得不改变战略，集中兵力重点进攻陕北、山东解放区。

1947年5月，中央决定以邓小平、刘伯承、李先念等组成中共中央中原局，以邓小平为书记，领导中原地区的党政军工作。与此同时，中央军委和毛泽东审时度势，两次致电刘、邓，尽早结束内线作战，争取在6月10日前率领晋冀鲁豫野战军主力渡过黄河，打到外线去，将战争由解放区引向国民党统治区，使全国各地战场转入战略进攻。

为了充分做好外线出击的准备工作，邓小平立即主持召开中共晋冀鲁豫中央局会议，讨论转入战略进攻的具体问题，还亲自到部队中做思想动员工作。他说："我们晋冀鲁豫区好似一根扁担，挑着陕北和山东两大战场。我们要坚决执行党中央、毛主席的战略方针，责无旁贷地打出去，把陕北和山东的敌人拖出来。我们打出去挑的担子愈重，对全局就愈有利。"

1947年6月30日22时40分，根据党中央、中央军委的战略部署，刘、邓率领晋冀鲁豫野战军主力12万余人强渡黄河天险，打开国民党军中原防御体系的大缺口，拉开了人民解放战争的战略进攻序幕。刘邓大军渡过黄河后，迅速开展鲁西南战役，连续取得郓城、定陶等战斗的胜利，歼敌5.6万余人，摆脱了背水作战的不利局面，掌握了战场的主动权。

"除扫清过路小敌及民团外，不打陇海，不打新黄河以东任何，亦不打平汉路，下决心不要后方，以半个月行程，直出大别山，占领大别山为中心的数十县，肃清民团，发动群众，建立根据地，吸引敌人向我进攻，打运动战。"7月23日，刘、邓突然收到了这样一份由毛泽东亲自起草的秘密电报。"不要后方""直出大别山"电报中的战略决策直击刘邓二人，他们反复分析领会中央军委意图，认为毛泽东的意见完全正确；但是又考虑到主力部队经过一个月的连续作战，十分疲劳，弹药消耗殆尽，"直出大别山"，困难极大。7月29日，邓小平又收到了毛泽东的一封密电，说"现陕北情况甚为困难",希望刘、邓尽快挺进大别山。邓小平后来回忆说,我们看完后立即烧掉电报。当时我们真是困难啊,实际上不到十天,就开始行动了。

8月7日黄昏,刘邓大军兵分左、右、中三路,从鲁西南的巨野、郓城地区出发,开始了千里挺进大别山的征程。蒋介石立即调集几十个旅的兵力追击,并企图利用刘邓大军南进途中的陇海路、黄泛区及沙河、颍河、淮河等天然障碍,将刘邓部队拖垮。

8月13日晚,刘邓部队在河南虞城古心王集附近越过陇海铁路。8月17日晨,开始了黄泛区的艰苦行军。邓小平和刘伯承手拄木棍夹在满身沾着泥浆的指战员中间,随部队一起前进。8月18日夜,部队全部走出黄泛区,8月19日晚顺利地渡过沙河。

这时,蒋介石才真正意识到刘邓部队向大别山挺进的意图,急忙改变部署,调集重兵到达汝河南岸布防,企图在沙河以南、平汉路以东、汝河以北地区歼灭刘邓部队。针对国民党军部署的变化,刘邓立即作出新的部署,并向全体部队正式宣布跃进大别山的任务,响亮地提出"走到大别山就是胜利"的口号。而想要渡过汝河,实属不易。汝河宽约五六十米,河槽深陷,河岸陡峭,根本无法徒涉。在这紧要关头,邓小平说:"过不去就得分散打游击,或者转回去,这就是说我们完不成党中央和毛主席赋予的战略任务!在最紧急的关头,正是考验我们共产党和革命军人的时候,我们要不惜一切代价和牺牲,坚决打过去!"随即,先头部队实行敌前强渡,从敌炮火中夺取了第一个"桥头堡"大雷岗村,在汝河上架设起了一座简易浮桥。8月25日下午,各部队先后渡过汝河,继续向南前进。

汝河难渡,淮河凶险。邓小平当时就讲,到大别山还有一道险关就是淮河。8月正值雨季,淮河水情变化无常。部队缺少渡船,只能徒涉。8月27日凌晨,刘伯承亲自测到淮河水浅处可以涉渡,立即命令部队抢渡。当日,主力部队赶在洪峰的间隙全部徒涉过了淮河。国民党军的数十万追兵赶到北岸时，上游洪峰下来，河水暴涨，只能望河兴叹了。邓小平晚年回忆起这段往事不禁感叹道："我们刚过完，水就涨了，就差那么一点点时间，运气好呀！以前不知道淮河能够徒涉，就这么探出条道路来了，真是天助我也！"

8月27日，刘邓部队过了淮河这最后一道天险，进入大别山地区，胜利完成了千里跃进大别山的任务。当日，邓小平在给中央军委的电报中高兴地说："我军已胜利完成渡过淮河、进入大别山之跃进任务，敌人追击计划完全失败。"

几十年后，邓小平在回忆这段历史时说道："整个解放战争最困难的是挑这个担子，是挑的重担啊。不是说消灭敌人九个半旅是挑了重担，主要的是撇开一切困难，坚决地挺进一千里，挑的就是这个重担。"

巍巍大别山，铮铮英雄魂。晋冀鲁豫野战军千里行军，直入群山，直接对国民党的统治中心造成威胁，就像在其心脏上插了一把尖刀，成为我军在解放战争中由战略防御转入战略进攻的历史转折点。

（文／苏歆）

《贯彻执行中共中央关于土改
与整党工作的指示》手稿

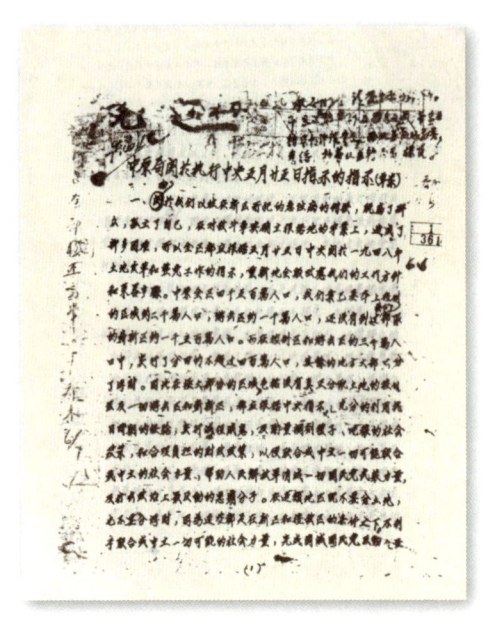

这是邓小平为中共中央中原局起草的关于执行中央土改与整党工作指示的手稿。

邓小平对《邓小平文选》的编辑工作非常重视，亲自鉴定了其中的许多文稿。《贯彻执行中共中央关于土改与整党工作的指示》一文就是在邓小平本人的直接帮助和考证下，最终收录文选的。

这份《指示》以中共中央中原局文件形式发表，由于形成于1948年6月6日，因此党内称为"六六指示"。文选编辑组起初没有将其作为邓小平著作纳入视野。在具体工作中，编辑组在阅读了这一时期大量历史资料及访问相关当事人中，发现这份文件是对当时新区土改中具有转折意义的指导性文件。然而，考证文件作者的工作却令大家犯了难，因为不管是中央收电，还是中原局的《文件辑存》，文件署名都是中原局；又由于找不到原件，也无从辨认作者手迹。编辑组考虑邓小平当时担任中原局第一书记，这份文件下发前他也有几份电报给毛泽东，内容都是有关新区土改的政策策略问题，基本思想与《指示》一致。同时文件的文风也符合邓小平的手笔。因此编辑组推断这份文件极有可能出自邓小平。经过慎重研判分析，编辑组决定请示邓小平。邓小平的答复是肯定的，于是这一篇重要文稿被收入了《邓选》。

邓小平和编辑组之所以重视这篇文稿，是因为1948年随着毛泽东为中共中央起草《一九四八年的土地改革工作和整党工作》的党内指示和邓小平为中原局起草的"六六指示"的下发，标志着中国共产党新解放区土改政策的重大调整和转变。这一调整和转变，对于最大程度地团结各阶层人民，调动广大人民群众的积极性，为新解放区的创建和巩固而斗争，具有十分重要的意义。

邓小平在推动新解放区农村工作政策的转变中可谓"功不可没"。他在具体实践中崇尚调查研究，强调文风扎实易懂，推动解放区民生事业迅速发展。毛泽东就曾对邓小平的这些特点大加赞赏，他赞叹："看邓小平的报告，好像吃冰糖葫芦。"冰糖葫芦口感丰富、老少皆宜，而邓小平在"六六指示"形成过程中起草的一系列文件和报告，则最能代表其"冰"的特点。这里所说的"冰"，是相对于那种表面上看起来热热闹闹的一般铺陈性的总结报告而言的。"冰"，更多地表现为一种不盲目的独立思考和面对错综芜杂形势而能保持的一种冷静的理性洞察。

1947年9月全国土地会议召开以后，毛泽东一直关注新解放区的土地改革。为此，他曾数次去电给邓小平等各大区负责人就相关事宜进行问询和调查研究。而其时，在中原区包括在大别山地区的不少地方，确实出现了各种急于发动群众、扩大土改区域等过急的"左"的错误倾向。为使党中央和毛泽东对这些"左"的错误倾向引起高度注意，在进行深入调查研究之后，邓小平接连给毛泽东发去数封电报，就他所关心的有关问题作出答复。在这些答复中，尤以1948年3月8日他给毛泽东发去的电报最为关键。在这封带有自我检讨性质的电报中，邓小平不仅实事求是地反映和系统归纳了大别山一些地区在土改工作、工商政策等方面出现的各种过急的"左"的错误倾向，还非常有针对性地提出了"任何时候不要忽视团结百分之九十以上的人，中立那些可以中立的人"，"分别可以巩固区和游击区的不同策略步骤"和"禁止乱杀人，注意工商业政策"三条符合实际的解决措施。

收到邓小平这封蕴含"冰"味的电报，毛泽东十分高兴，认为它对广大新区的土改和工商业发展有着重要指导意义，内容"非常之好"。3月14日他即复电给邓小平，请他将来电"立即转发各地依照办理"，并特意交代："凡你处电台能联络的同志或骑马能送信的同志或当面接洽的同志，将你所说的那些策略观点与政策观点，普遍通知他们，只要有机会就不失时机地指导他们，并要他们向你处反映结果。"邓小平面对复杂局势的冷静思考和勇于批评与自我批评的精神，令毛泽东深为触动。在同日发给各中央局、分局和前委负责人转发邓小平来电的电报中，毛泽东写下了这样的文字："邓小平的这些负责的自我检讨是非常好的，有了这样的自我检讨，就有使广大干部逐步学会党的策略观点与政策观点的可能，而没有全盘的策略观点与政策观点，中国革命是永远不能胜利的。"

1948年5月24日，毛泽东致电邓小平："新解放区农村工作的策略问题有全盘考虑之必要。新解放区必须充分利用抗日时期的经验，在解放后的相当时期内，实行减租减息和酌量调剂种子口粮的社会政策和合理负担的财政政策……而不是立即实行分浮财、分土地的社会改革政策。"第二天，党中央发出《一九四八年的土地改革工作和整党工作》。根据党中央、毛泽东的这两个指示，邓小平于6月6日起草签发了中原局《贯彻执行中共中央关于土改与整党工作的指示》。

"六六指示"不是简单重复中央 5 月 25 日的指示，而是对中央指示进行了全面系统的阐发，总结了在这方面的"左"倾错误的教训，详细规定了贯彻中央指示精神的方针与步骤及由于政策转变需要进行的各方面调整工作，特别是提出了分控制区、游击区、崭新区三种区域分别采取不同的策略步骤。毛泽东对这个指示十分重视，亲自进行了修改。他认为中央的指示规定的只是原则，而"六六指示"把它具体化了，可作为中央指示的补充和说明。毛泽东要求各中央局领导以邓小平为榜样，各自做出自我检讨，上报中央。并指出承认自己的错误，并不能否定取得的成绩，只能发展这些成绩。

中原地区党的各级组织，按照"六六指示"提出的策略步骤，仅用两个月时间，即完成了从停止土改到实行双减与合理负担的财政政策的过渡，受到了广大人民群众的积极拥护。实践证明，中央决定新区停止土改实行减租减息这种以退为进的决策是正确的。这个政策转变的全过程，是在调查研究的基础上，不断补充、完善，实事求是地解决问题的过程，集中体现了实践、认识、再实践、再认识这个辩证唯物主义认识论的主要内容。

毛泽东和邓小平的这种正确评价成绩和缺点，不隐讳错误，勇于自我批评的精神，为全党做出了表率。因为只有深入调查研究，才能掌握实际情况，克服主观主义，避免脱离实际，制定正确的政策和策略。正是有了这种精神，土改中"左"的倾向才得以迅速纠正，党的政策才得到不断的发展和完善。

（文 / 王桢）

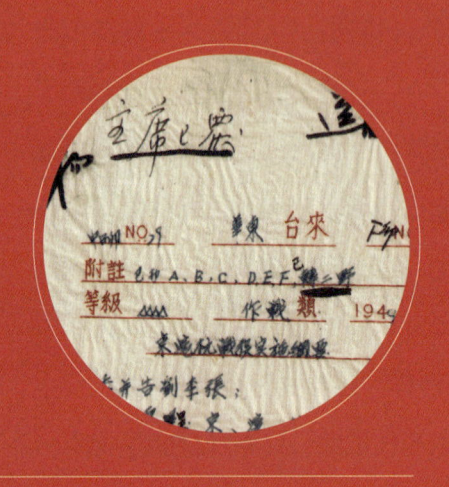

《京沪杭战役实施纲要》
电报稿

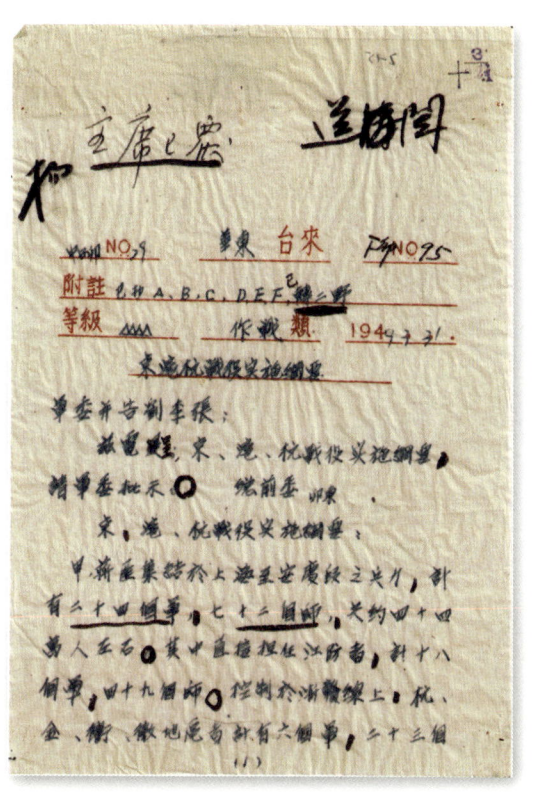

《京沪杭战役实施纲要》电报稿。

"钟山风雨起苍黄,百万雄师过大江。虎踞龙盘今胜昔,天翻地覆慨而慷。宜将剩勇追穷寇,不可沽名学霸王。天若有情天亦老,人间正道是沧桑。"当得知国民党的青天白日旗从南京总统府中缓缓降下时,远在北平的毛泽东吟出了这首脍炙人口的《七律·人民解放军占领南京》。此前,为阻止人民解放军渡江,国民党军在宜昌至上海间的1800多公里的长江沿线,部署了115个师约70万人的兵力。面对这条"长蛇阵",我军破阵的法宝之一,便是由邓小平亲自草拟的百万雄师过大江的战役纲要,即《京沪杭战役实施纲要》。1949年4月,气势如虹的解放军战士成功跨越长江天堑,一举攻占国民政府的首都南京,为日薄西山的国民党政府敲响了丧钟。

1949年1月10日,随着最后一名国民党士兵举手投降,历时66天的淮海战役宣告结束。是役,我军以60万兵力击败80万国民党军,创造了以少胜多的军事奇迹。毛泽东曾经称赞说:淮海战役打得好,好比一锅夹生饭,还没有完全煮熟,硬是被你们一口口地吃下去了。作为这场战役的指挥者,邓小平立下了不可磨灭的功勋。但他并没有就此松一口气,而是振作精神,将目光投向国民政府的大本营——南京。他要越过国民党依仗的长江天堑,夺取更大的胜利。

早在1948年10月淮海战役部署时,中央军委和毛泽东就曾设想下一年发动渡江战役。12月12日,中央军委和毛泽东致电淮海战役总前委,提出在淮海战役结束后,中原、华东两大野战军(1949年2月5日改称第二野战军、第三野战军,以下简称为二野、三野)休整两个月,并做好渡江的政治动员与物资准备。根据中央军委和毛泽东的指示,1949年2月9日邓小平在徐州召开总前委扩大会议,具体讨论渡江作战的时间、部署等问题,形成了3月半出动、3月底渡江的方案。中央军委和毛泽东复电同意邓小平等人提出的方案,并要求由邓小平、刘伯承、陈毅、粟裕、谭震林组成总前委继续行使领导军事及作战的职权,负责渡江战役。毛泽东对邓小平寄予厚望。在中共七届二中全会召开期间,他对邓小平说:"渡江战役就交给你指挥了。"

从西柏坡返回总前委驻地,邓小平便投入到紧张的备战工作中。3月31日,邓小平亲自草拟了报送中共中央的渡江作战具体部署报告,也就是《京沪杭战役实施纲要》。《纲要》明确指出,此次战役的目的是全歼上海、镇江、南京、芜湖、安庆等地区及浙赣线上国民党军队的全部或大部,占领苏南、皖南及浙江全省,夺取京、沪、杭,彻底摧毁国民党反动政府的政治、经济中心，为尔后向华南、中南、西南地区进军创造条件。

为了防止解放军越过长江，国民党军在1800多公里的长江沿线部署了约70万兵力。面对这条钢铁长蛇，《纲要》将京沪杭警备总司令部总司令汤恩伯下属的45万人作为主要作战对象，把整个战役划分为三个阶段：第一阶段，达成渡江任务，实行战役展开；第二阶段，达成割裂和包围国民党军之任务，并确实控制浙赣线一段，切断国民党军的退路；第三阶段，分别歼灭被包围的国民党军，完成全战役。《京沪杭战役实施纲要》对百万大军渡江作战作出了周密细致的安排，对渡江战役的胜利起到了重要作用。刘伯承曾说，国民党军摆的是一条"死蛇阵"，我们破阵的法宝之一，便是《京沪杭战役实施纲要》。

按照《京沪杭战役实施纲要》，渡江战役的发动时间是4月15日18时。二野、三野陆续到达部署位置，并做好了一应准备。由于解放军战士多数为北方人，不习水性，二野、三野还在湖泊中练习水上作战。就在战士们摩拳擦掌准备给国民党致命一击时，4月10日2时，渡江战役总前委收到了中央军委和毛泽东关于推迟渡江战役时间的电令。这次推迟，是因为正在北平举行的国共和平谈判。

1949年初，为了迅速解决战争，结束人民的痛苦，毛泽东发表了《关于时局的声明》，提出了和平谈判的八项条件。国民党政府"代总统"李宗仁表面上同意和平谈判，但背地里却在谋划"划江而治"，试图维持现有格局。为了避免解放军南下，国民党还悄悄整顿军队，发展武装，试图将解放军挡在长江以北。

4月1日，国共和平谈判在北平开始举行。中共代表团提出了一个和平协议方案，并在吸收国民党方面意见后形成了《国内和平协定（最后修正案）》，提交双方讨论。为了表示诚意，促成和谈，中央军委和毛泽东在军事部署上做出相应调整，其中最重要的便是调整渡江战役时间，争取和平渡江。

接到中央军委和毛泽东的电报后，邓小平立刻同陈毅等人对推迟渡江时间进行研究。若能够谈判成功，争取和平渡江，就能减少人民、国家遭受的困难。但是推迟作战时间并不是一件轻易能办到的事情。首先，推迟渡江时间可能会因长江水情变化影响到后续部队渡江。其次，渡江时间每延迟一天，部队后勤的压力便增加一分。最后，渡江部队现在士气正旺，一旦推迟时间很容易使部队思想动摇。

邓小平向来顾全大局，不仅从军事上思考问题，更从政治上思考问题。他结合前线实际，提出了相关的意见。经过与中央军委的反复磋商，最终确定4月20日发动渡江战役。其间，中央军委也考虑到推迟渡江时间会影响部队士气，建议总前委在下达推迟时间的命令时不要说是为了谈判，而要说是因为友军尚未完成渡江准备工作。但是邓小平认为，如果能讲清军事工作要服从政治工作的道理，从正面做通全军战士的思想工作，更有利于统一思想。他在给中央的复电中提出要向师以上干部说明以下内容："和平谈判颇有进展，有可能在最近签订协定。此种实际上就是国民党的投降，故于全局和人民有利"，"当我们在政治上做到这一步时，敌人内部将更加瓦解，好战分子内部将更加孤立混乱，不仅争取了主和派，还可能分化一部分主战派"，等等。这些主张得到了中央军委和毛泽东的赞许。

4月20日，国民党政府断然拒绝和平谈判。既然和平的道路无法实现，只能尽快结束战争，尽最大可能减少人民的损失。20日晚，人民群众摇着舟楫，冒着枪林弹雨，将解放军战士送过长江。21日，毛泽东和朱德联名发布《向全国进军的命令》，命令解放军"奋勇前进，坚决、彻底、干净、全部地歼灭中国境内一切敢于抵抗的国民党反动派，解放全国人民，保卫中国领土主权的独立和完整"。三路突击集团像尖刀一样撕开敌人的防线，并在23日晚占领了南京。

南京的解放，宣告国民党反动统治的灭亡。得知这一消息的邓小平兴奋不已。平时很少饮酒的他也忍不住与大家一起举杯庆贺。几天后，解放军在南京举行了盛大的入城式。邓小平晚年的时候，他的女儿毛毛曾问他："你进总统府了吗？"邓小平回答："进去了，是和陈伯伯（指陈毅）一起进去的。"毛毛追问："你们在蒋介石的总统宝座上坐了坐吗？"邓小平微笑着说："总要坐一坐嘛。"渡江战役后，邓小平一鼓作气，以上海为饵，一举围歼了汤恩伯集团。失去了长江天险，国民党残余势力再也无法组织起有效抵抗。人民解放军携胜利之势向中南、华南、西南进军，成功将国民党残余势力清除出大陆。中国大陆终于回归统一，曾经饱受苦难的中国人民即将迎来崭新的生活。

（文 / 李瀚）

给陈修和的信

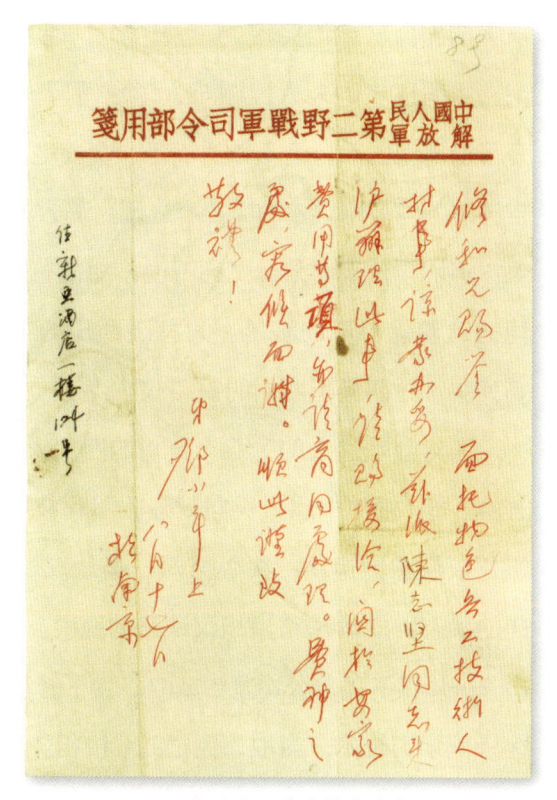

1949年邓小平给陈修和的信。

"修和兄赐鉴：面托物色兵工技术人材事，谅蒙办妥……"这是1949年8月17日邓小平给兵工技术专家陈修和的信。此时正准备进军大西南的邓小平考虑到后续建设大西南的需要，特意请求陈修和协助物色各种技术人才。这些专家前往大西南后，有力地推动了大西南的各项建设，其中最重要的一项便是修建了我国第一条由中国人自主设计、使用自己生产的材料自主建造的铁路——成渝铁路。

成渝铁路的故事还得从20世纪初讲起，它与中国人民反对外侮、寻求

给陈修和的信 | 57

自强的努力息息相关。19世纪中叶，西方列强用坚船利炮轰开了中国的大门。中国逐步陷入人民蒙难、国家蒙辱、文明蒙尘的黑暗世纪。列强在打开了沿海地区后，仍不知道满足，贪婪地盯着中国内陆，妄图将内陆也纳入自己的势力范围。素有"天府之国"美誉的四川自然是列强垂涎与争夺的对象。但四川位于内陆，交通不便。即便有了长江的航运，列强们对材料、市场的欲望仍得不到满足。为打破四川的封闭状态，英、日、美、德、沙俄等列强都企图染指四川的铁路权。

面对咄咄逼人的列强，英勇的四川人民毅然掀起了保卫铁路权的运动。1903年，呼应中国人民向列强收回利权的斗争，四川人民也掀起了独立修筑川汉铁路的运动，决心修筑一条从汉口到成都的铁路，打破四川盆地封闭的状态。成渝铁路是川汉铁路的西段。1904年1月，中国最早的铁路公司——川汉铁路总公司宣告成立。为了修筑成渝铁路，爱国知识分子纷纷前往外国学习技术，当地人民通过"按租集股，因粮认摊"的方式筹集资金。但清廷的表现却令人失望。1908年，清廷执行"利用外资，开发实业"以强化中央集权的方针，决定大借外债修筑铁路，在1911年甚至将四川人民好不容易夺来的筑路权拱手让与外国。四川人民忍无可忍，爆发了轰轰烈烈的保路运动，并很快发展为由同盟会领导的推翻清朝统治的武装起义。为镇压起义，清廷急忙调集湖北军队入川平乱。这导致武昌城兵力空虚。趁此机会，革命党人毅然起义，敲响了清王朝的丧钟。可以说，辛亥革命的胜利离不开四川人民的抗争。

虽然帝制已经被终结，中国迈向共和，但是成渝铁路的建成仍然遥遥无期。无论是北洋政府，还是国民党政府，都只是口头上承诺要修成成渝铁路，以修路之名行敛财、拉丁之实。直到中国人民解放军解放四川时，成渝铁路只完成全部建筑安装工程量的14%。线路上甚至没有一块枕木、一根钢轨。修成成渝铁路成为萦绕在四川人民心中半个世纪却又遥不可及的梦想。

邓小平的童年正处在四川人民为铁路抗争的时期，他亲身感受到了当时人们对国家富强的渴望。修成成渝铁路同样是萦绕在邓小平心头的一个梦。在进军大西南之前，邓小平已经将修建成渝铁路提到了议事日程上。他曾多次向陈毅的堂兄——著名的军工专家陈修和，请教成渝铁路的修建问题，并请他写一份关于修建成渝铁路的意见书。在成功解放大西南后，西南地区原有的重工业因战争结束以及帝国主义的封锁而陷入困境。不少工人下岗失业，生活也陷入困境。邓小平需要找到办法带动生产恢复，提升人民士气。成渝铁路的建设自然是不二选择。1949年12月31日，邓小平在西南局常委会议上作出"修建成渝铁路为先行，带动百业发展"的重大决策，并在日后多次强调修建成渝铁路的重要性。根据时任西南军政委员会财经委员会副主任段君毅的回忆，1950年5月的一次会议上，邓小平强调："我们还面临着很大困难。我们只能集中力量办一两件事情，绝不能百废俱兴。现在中央批准我们修成渝铁路了，这对西南特别是四川人民来说，是一件大事，政治上和经济上具有重大意义。成渝铁路一开工，不但可以带动四川的经济建设，而且可以争取人心，稳定人心，给人民带来希望。四川人民渴望了40多年的愿望可以实现了！"

1950年6月15日，成渝铁路正式破土动工。3万名解放军战士与各地招收的1.8万名失业工人共同组成筑路队。广大人民群众的积极性也被充分调动起来，他们满怀热情投身成渝铁路的修筑中。在抗美援朝战争爆发，参与修路的解放军战士奔赴前线之后，人民群众成为修筑铁路的主力。不少人将家藏的寿板、房料都捐出来作为枕木。工地需要人时，广大群众，尤其是经过土地改革已经翻身的农民们，纷纷自备干粮、工具，满怀干劲地投入修路大业中。工地上想请他们吃饭，他们推辞道："又不是给别人做活路，我们是在为自己修铁路嘛！"

邓小平时刻记挂着这项开创历史的工程，亲自前往工地考察，鼓舞士气。据当时参与筑路的二野战士孙振华回忆："铺成渝铁路，从大渡口开始铺轨，一直铺到九龙坡。铺到九龙坡时，邓小平同志带着他的老师（汪云松），到大渡口参观，坐的平板车，那时根本没有票车什么车的，只有八个平板车修这个成渝铁路。""火车冒的那烟子，邓小平根本也不在乎，他照样坐在那里。"邓小平还时刻关心着修建铁路的专业技术人员，特意指示：要掌握修路技术，尊重技术人员。对专家大胆使用，让专家有职有权，并在工资待遇上尽量给予从优照顾。当时负责成渝铁路全面技术指导的专家刘家熙，只要听说哪个工地上遇到技术难题，就赶到哪里去考察解决。当人们赞扬他这个留学生谢绝美国波阿铁路公司的聘请，回到贫穷的祖国来修铁路时，刘家熙说：准确地讲，我是庚子赔款学生。庚款就是八国联军镇压了义和团起义之后，又向中国勒索四万万五千万两银子的庚子赔款。每个中国人头上都要摊一两。这么多银子别说打造我这样一个人，就是铺一条纯银的成渝铁路也够了。花这么多学费学到的知识，能不用在国家富强上吗？在专家、军队、群众的配合与努力下，成渝铁路正逐渐变成现实。

  1952年6月中旬，四川人民盼望了将近半个世纪的成渝铁路终于建成了。这是中国第一条自主设计动工、完全采用国产器材修筑的铁路。这条铁路从梦想落地为现实的过程，也是中国人与敌人英勇斗争，终于站起来的过程。在7月1日的通车仪式上，即将前往中央任职的邓小平挥毫题词："庆祝成渝铁路全线通车。"成渝铁路全长505公里，东起重庆，西至成都，连接了西南的两大经济中心。这条铁路的修建为濒于破产的工厂提供了大量订单，为大量失业人群提供了就业岗位。以成渝铁路为首，西南地区的多条铁路也在多年后陆续竣工。西南地区封闭的状态逐渐被打破，每天都有载着无数货物的列车，在连接各城市的轨道上奔驰，西南地区的经济也逐渐活跃起来了。邓小平"西南是交通第一"的判断得到了历史的验证。

（文／李瀚）

基辅牌照相机

20世纪50年代伏罗希洛夫赠送给邓小平的基辅牌照相机。

　　在四川广安邓小平故居陈列馆中，珍藏着千余件有关邓小平的文献、文物。其中，一台曾被精心保存的照相机显得尤为突出。镜头、胶卷盒保存得很好，相机上面刻着英文和俄文的铭牌，机身号是5400497。这台照相机以它的产地基辅命名，是20世纪50年代知名度极高的相机品牌之一。但是对于邓小平而言，这台照相机更是见证了一段曲折复杂、持续数十年之久的中苏往事。

　　1957年四五月间，苏联最高苏维埃主席团主席伏罗希洛夫访华，5月

5日，时任中共中央总书记的邓小平陪同伏罗希洛夫参观北京大学。在这次访问后，伏罗希洛夫赠送给邓小平这件象征着中苏友谊的珍贵礼物——基辅牌照相机。

新中国成立之初，面对着两大阵营严重对立的国际形势，作为共产党领导的国家，中国采取了"一边倒"的对外方针。此时，来自苏联的支持显得极为珍贵。作为世界上第一个社会主义国家，苏联在新中国成立第二天就第一个宣布承认新中国并同新中国建交，在随后十余年里，苏联对新中国进行了大规模的援助。据统计，从1949年到1960年，来华工作的苏联专家超过2万人。苏联援华项目几乎遍及中国经济建设的各个行业。这一时期，中苏两国相互支持、相互帮助，关系颇为融洽。

然而，祥和的背后却也暗藏危机。1957年，就在邓小平收到基辅相机仅仅7个月之后，一场极为复杂的论争开始在中苏两国之间展开。邓小平则是这场持续十年论争的主要参与者。

1956年，苏共第二十次全国代表大会上，苏共中央第一书记赫鲁晓夫在事先未同各国共产党商量的情况下，作了一个《关于个人崇拜及其后果》的秘密报告，这份报告严厉批判和全面否定了他的前任领袖斯大林。作为中国代表团团长的邓小平就在会议现场，他对这个秘密报告极为忧虑，认为赫鲁晓夫全盘否定斯大林的做法是极其草率的。事实上，这个报告果然引起了社会主义阵营的极大混乱。社会主义究竟该如何发展以及该如何正确对待斯大林，成为日后漫长的中苏论争的起始问题，而其后苏联对于其他社会主义国家内政的干涉，更是一步步扩大了中苏两国之间的分歧。1960年6月，布加勒斯特会议期间，赫鲁晓夫动员了几十个国家的共产党、工人党代表围攻中共代表团，对中国的内外政策进行了激烈的攻击。中共代表团进行了有力反驳，揭露了赫鲁晓夫破坏中苏关系的错误，谴责了赫鲁晓夫极端粗暴地把自己的意见强加于人的老子党作风和把本国利益凌驾于兄弟国家利益之上的大国沙文主义。7月，苏联政府在一夜之间撕毁了同中国政府签订的几百个合同，召回了1000余名苏联专家并带走所有的图纸、资料，同时要求中国归还贷款，一时间许多在建项目处于停顿、半停顿状态。

中苏之间的分歧日益严重，为了在当年召开的世界共产党代表大会中避免出现更大的矛盾，中共中央决定派代表团先行赴苏谈判。1960年9月，邓小平率中共代表团前往苏联。赫鲁晓夫等人赴机场迎接，当时邓小平手中握着一根"棍子"。访苏之前，邓小平因右大腿骨折，一直依靠拐杖行走。赫鲁晓夫见到手拿拐杖的邓小平时，他开玩笑地说，邓小平手中还拿着"棍子"，是来教训我们的吗？后来三次会谈，邓小平着实体现了他辛辣的特点，直言不讳：赫鲁晓夫所谓搞什么分工协作完全是假话，他就是要大家听他的指挥棒。邓小平的据理力争，换来了中苏双方勉强达成的一致，也赢得了毛泽东的赏识。毛泽东曾不止一次地评价邓小平在中苏论战中的作用："我们常委里面，主要是小平同志出面跟赫鲁晓夫吵。"还对邓小平说："你这个棍子，已经成了国际共产主义运动的一个象征，成了中苏两党之间争论的一个象征了。赫鲁晓夫很怕你这个'棍子'"。

1963年，邓小平再次来到苏联进行谈判，此时，中苏之间的论战已经进入白热化。毛泽东要求，此次会谈中方不放弃争取不破裂的机会，但也必须有破釜沉舟的坚定性。因此此次会谈，中苏双方态度都极为强硬，观点针锋相对。15天里，双方共举行了9次会谈，邓小平寸步不让。谈判即将结束之时，苏方将会谈公报草稿交给中方协商修改，公报中的一句话引起了邓小平的注意，苏方写道，"会谈在友好的、同志式的气氛中间进行"，邓小平将这句话改为：双方"各自阐述自己的观点"。这是中苏论战中的最后一次正式会谈，实事求是地承认分歧，是邓小平所展示出的态度。7月21日，邓小平率领代表团返回北京，毛泽东带领众多中央领导到机场迎接。时隔多年后，毛泽东还评价邓小平："率领代表团到莫斯科谈判，他没有屈服于苏修。"

此后，中苏关系几乎破裂，对抗成为双方的常态，一直到改革开放后。在历经十余年隔阂之后，邓小平开始反思那段中苏论战的岁月："经过20多年的实践，回过头来看，双方都讲了许多空话。现在我们也不认为自己当时说的都是对的。"但是，"反对'老子党'，这一点我们反对得对了"，"真正的实质问题是不平等，中国人感到受屈辱"。此时的苏联，也在进行改革，他们也急切需要改善苏中关系、赢得和平的周边环境。1982年3月，苏共中央总书记勃列日涅夫发表讲话，谈到中国时，他透露出了细微的善意。苏联领导人的这次细微改变，被78岁的邓小平敏锐地捕捉到了，他随即通过多个渠道，与苏联进行对话和接触，也通过其他国家的领导人给苏联传递自己关于恢复中苏关系的意见。1986年，邓小平接受美国哥伦比亚广播公司记者华莱士的采访，再一次谈到了苏联问题。他说，我这一辈子出访的任务已经完成了。如果说苏联方面能够做到我们提出的条件，我可以破例地出国和他会见。在邓小平不断的努力下，中苏双方经过数年艰难磋商，终于达成共识。1989年5月，苏共中央总书记戈尔巴乔夫对中国进行正式访问。此时，距离中苏关系破裂，已经过去20余年。

对这次会面，邓小平提出了一个要求，那就是跟戈尔巴乔夫会见的时候只握手不拥抱。邓小平是从政治上考虑这个问题的。因为中苏之间20来年不对话、对抗，实行了关系正常化后，应该要有一种正常的交往。正常的交往，就要有正常的礼仪，握手是外交上最正常的礼仪。因此，5月16日，双方见面时是一次紧紧的握手，这次握手持续了35秒。中国和苏联，终于在隔膜20余年之后，打破了坚冰。

邓小平在与戈尔巴乔夫的会谈中几乎滔滔不绝。数十年弹指一挥，邓小平有太多的话要讲，原定一个小时的会谈，眼看就要超时。在一旁的医生担心85岁高龄的邓小平身体受不了，两次让邓榕递条子，上边写着"超时"。

邓小平看了后，丝毫没有停止的意思，把纸条放在了一边，继续谈。这次会谈之后，中苏两国发表《联合公报》，双方关系终于在隔膜20来年之后恢复正常。

实现中苏关系的正常化，是邓小平对国际关系独具匠心的把握，使中国外交政策逐步完善。中苏关系和现在的中俄关系的稳定发展，成为构建世界政治经济新秩序、实现世界和平举足轻重的力量。这是邓小平留给我们的重要的外交遗产。中苏关系恢复之后，邓小平向中共中央递交了辞职信，辞去了一切职务。多年之后，邓小平这样评价自己，"调整了与苏联的关系"，是他一生中做成的几件重要的事情之一。

（文/王达阳）

一方印章

这是20世纪50年代邓小平用过的印章。

  这枚印章，是邓小平20世纪50年代担任政务院副总理时使用过的。印章虽小，却处处彰显着主人的个性特征，它造型简洁干净，质感细腻沉稳，恰如物主邓小平。它见证了邓小平革命生涯中的又一个重要时期，1952年至1954年，邓小平在副总理岗位上夙兴夜寐、克己奉公，他的工作成绩得到了毛泽东和党内同志的好评和肯定。

  1952年下半年，为适应大规模经济建设的需要，加强中央的集中统一领导，中央决定将各中央局书记和大区行政委员会的主要负责人及一批工作人员调到北京，并调整、增设中央和国家机关的部分机构。邓小平的任职则早在六七月间就已经定下来了。周恩来考虑到自己与陈云即将出访苏联，政务院需要一个得力的人负责，于是向毛泽东、刘少奇等人提议，请邓小平8月来京主持政务院日常工作。邓小平7月下旬抵京，路上还发生了一个有趣的插曲。在邓小平携家人乘坐飞机前往北京时，女儿邓楠想到在重庆大家都叫父亲"首长"，便好奇地问邓小平到北京后是什么"长"？邓小平回答是"脚掌"。首长变成"脚掌"，这虽是跟孩子们讲的玩笑话，却道出了邓小平的内心，他注重做事，不讲求职位、地位。

1952年8月13日，邓小平正式上任。周恩来在会上宣布：在我奉毛泽东主席之命赴苏联访问期间，由邓小平代理总理职务。一段时间内，邓小平除了主持政务院日常事务外，还经常代中共中央起草、修改给各地、各部门的文电。进入1953年，邓小平的工作出现了一些调整。2月19日，周恩来召开会议，重新调整了政务院的领导分工。其中邓小平分管监察、民族、人事工作。此后，为加强党中央对经济工作的领导，中央在邓小平分管监察、民族、人事的基础上，又增加了铁道、交通、邮电三个部门，可谓一身而多任。5月14日，周恩来在中央人民政府各部门负责人会议上说："各部送到总理办公室的东西，我和邓副总理只决定要不要办，决定得对不对由我和邓副总理负责，至于办得好不好，就应由各主管部负责，职权应该分清。"这便进一步明确了邓小平协助周恩来负责政务院的日常工作。

国家建设初期的工作任务相当繁重。在监察工作方面，邓小平适时提出了结束"三反""五反"运动的建议。1952年10月，"三反""五反"运动已经分别进行9个多月和7个多月了。邓小平和安子文等人研究后，给中央写信提出"三反""五反""可以结束，有些遗留问题可以交给各中央局及省市"处理。10月25日，中央下发《关于结束"三反"运动和处理遗留问题的报告》《关于结束"五反"运动和处理遗留问题的报告》和邓小平为中央起草的这两个报告的通知稿，举国上下以更为集中的精力面对即将开始的大规模经济建设。在民族工作方面，邓小平多次主持政务院政务会议或其他各种范围的会议讨论研究民族工作。他强调，对任何一个涉及少数民族权益问题的处理都要尊重少数民族人民群众的意愿。邓小平分管铁道部、交通部、邮电部的工作后，在较短的时间内，着重地解决其基本工作方针和基本思路问题，奠定了这三个部工作的基础。随着大规模经济建设的开展，文化教育和科学技术事业也相应地发展起来。邓小平作为主持政务院日常工作的副总理，花了很大的精力考虑和处理文教、科技方面的问题。

  1953年8月17日，中央政治局决定邓小平兼任政务院财政经济委员会第一副主任和财政部部长。邓小平兼任财政部部长可以说是受命于困难之际，当时随着大规模经济建设的展开，财政工作出现了一些明显的缺点和错误，造成国内物价波动和商品流通混乱等问题，给刚刚起步的大规模经济建设造成了困难。

  邓小平接手财政部后，很快提振了财政部门的士气。当时，由于全国财经工作会议点名批评了财政部的工作，部门工作人员处于一种沮丧的状态，普遍抱着不求有功但求无过的心态。在一次办公会议上，邓小平说：不要一朝被蛇咬，十年怕井绳。今天同你们约法三章，我到财政部工作，决策方面主要靠你们反映情况。如果你们反映的情况对了，我决策错了，这个错误责任由我负；如果你们反映的情况错了，我根据你们反映的情况作了错误的决策，这个错误你们负责。这些话明确了权责，使财政部的干部能更好开展工作了。据时任财政部副部长的戎子和回忆："从此以后，我们每个副部长向邓小平汇报工作、反映情况都是很负责的，从不敢随随便便，但心情却是舒畅的。"

  针对预算执行中接连出现赤字的问题，邓小平任财政部部长十天后，财政部向中共中央提交解决财政赤字问题的报告。中央随即批转这个报告，同时发出《中共中央关于增加生产、增加收入、厉行节约、紧缩开支、平衡国家预算的紧急指示》。《紧急指示》下达后，邓小平多次代中央起草批示，批转各中央局、分局，各省、市委关于贯彻执行《紧急指示》的报告或其摘要、提要，供各地参考；对好的做法和经验给予肯定和推广，对可能出现的偏差和问题给予提醒。经过全国上上下下的努力，消除财政赤字收到了很好的效果。解决完棘手的问题后，邓小平便将注意力转向探索财政工作的方针原则，建立长效工作机制。邓小平从党在过渡时期总路线的大局出发，鲜明地提出财政工作要服从于党在过渡时期的总路线，为总路线的贯彻落实提供保障。他根据这几年财政工作的经验教训，提出了六条具体方针：预算归口管理，支出包干使用，自留预备费、结余不上缴，严格控制人员编制，动用总预备费须经中央批准，加强财政监察。这六条方针既符合社会主义建设规律，也符合财政工作规律，成了财政工作很长一段时间内的工作遵循。

在邓小平担任政务院副总理期间，还经受了新中国成立后第一次党内斗争的考验。1952年，邓小平由西南局来京担任政务院副总理之时，高岗、饶漱石也相继从东北局、华东局来京。高岗以中央人民政府副主席的身份兼任国家计划委员会主席，饶漱石担任中央组织部部长。后二人野心急剧膨胀。特别是高岗，对其职位处在刘少奇之下一直耿耿于怀。1953年底，毛泽东提出中央分一线、二线之后，高岗活动得非常积极。他找到邓小平，企图进行政治上的拉拢。邓小平明确表示，刘少奇同志在党内的地位是历史形成的，从总的方面讲，刘少奇同志是好的，改变这样一种历史形成的地位不恰当。此时，高岗还找陈云谈过。鉴于形势严峻，邓小平和陈云一起向毛泽东汇报了高岗、饶漱石的行动，引起了毛泽东的高度警惕。1953年12月24日，中央政治局召开会议，批评高、饶的反党阴谋活动。毛泽东在讲话中，指出了高、饶反党阴谋活动的性质及其严重性，向高岗提出了严厉的警告和批评。1954年2月,中共七届四中全会在北京召开。会上,邓小平作了题为《骄傲自满是团结的大敌》的发言,严肃批评高、饶破坏党的团结和统一,篡党夺权,阴谋分裂党的活动。全会一致通过了《关于增强党的团结的决议》。

直到中共八大召开之前,随着过渡时期总路线的贯彻实施和"一五"计划的实施,大规模的工业化建设和对农业、手工业、资本主义工商业的社会主义改造的开展,党中央和中央人民政府的工作不断增加新的领域和任务。这枚小小的印章跟随着邓小平,为中央最高领导层掌握全国各方面的重要情况并作出各项正确决策。邓小平通过一件又一件的瞩目成绩,表现出他对党高度忠诚负责的优秀品格和出色的组织才能,深得毛泽东和党中央的器重和信任。

(文/李瀚 王桢)

一双皮鞋

这是 20 世纪五六十年代邓小平穿过的皮鞋。

  1956 年 9 月，在中共八届一中全会上，邓小平当选为中央政治局委员、中央政治局常务委员会委员、中央书记处书记、中央委员会总书记。从此，他成了以毛泽东同志为核心的党的第一代中央领导集体的重要成员。在中共中央委员会总书记这个岗位上，他一干就是十年。这双由邓小平家属捐赠给邓小平生平陈列馆的皮鞋，曾陪伴邓小平"过千山""涉万水"，在社会主义经济建设和文化建设中"踏"出坚实步伐，取得了许许多多的执政成就。

党中央赋予中央书记处以重要责任，强调中央书记处是中央委员会的办事机构。邓小平无疑是负责这项工作的最佳人选。他在长期的革命年代中形成了举重若轻、当机立断的领导风格，他常常能够在错综复杂的工作中抓住重点，果断抓住时机形成决策，雷厉风行、行动迅速，把各项工作安排得井井有条。早在七届三中全会期间，周恩来曾生动地评价刘伯承和邓小平的工作特点。他说：据我多年观察，他们两人的工作方法各有特色，小平同志是"举重若轻"，伯承同志则是"举轻若重"。邓小平工作认真的特点给女儿们也留下了深刻印象，她们曾回忆说：50年代，父亲坐在办公桌前办公，总是特别认真、特别专注。我们这些孩子在屋子里跑来跑去，在桌子底下翻来覆去，也丝毫不能影响他。

负责主持中央书记处工作的这十年，是邓小平一生中最为忙碌的时期之一。这十年，是我们国家全面开始建设社会主义的十年，中国共产党领导全国人民在社会主义经济建设和文化建设中取得很大的成就，积累了重要的经验，同时也有过严重失误。邓小平一直处在中央领导工作的第一线，参与党和国家的重要决策，在许多方面提出过重要的正确主张。

在中国开始转入全面的社会主义建设以后，邓小平非常关注在社会主义经济建设中办好工业企业的问题。1957年，邓小平在八届三中全会上提出，社会主义工业企业要建立新的管理制度和政治教育制度。1961年1月，为了切实执行八届九中全会制定的"调整、巩固、充实、提高"的八字方针，系统解决工业发展中存在的严重问题，邓小平领导和组织中央书记处、国家计委、国家经委派出11个工作组，分别到全国各地的工矿企业开展调查。7月，他亲自到东北进行了考察。8月9日至15日，邓小平在北戴河主持中央书记处会议，对《国营工业企业管理工作条例（草案）》草稿进行了为期四天的逐条讨论，最后归纳为七十条，简称"工业七十条"。几天后，中央工作会议在庐山开幕，"工业七十条（草案）"提交会议讨论。

9月5日，邓小平在大会发言中说，整顿企业要按照"工业七十条"，一个一个地抓，一个一个地整理好。9月17日，毛泽东对条例作出批示"很好"。毛泽东和周恩来在审阅时，不约而同地在条例的题目上圈掉了"管理"二字。条例最后定名为《国营工业企业工作条例（草案）》。

邓小平还十分重视高等学校的思想政治工作。1957年1月12日，他在清华大学作报告时，寄语清华学子："为了国家的繁荣昌盛，为了后代的幸福，我希望大家把眼光放远一些，学革命先辈，学过去的青年，艰苦奋斗，顾全大局，建设社会主义。"1958年4月，邓小平在书记处讨论教育工作的会议上提出，教育工作的方针是一要普及，二要提高，两者不能偏废。我们在任何时候都要坚持"两条腿走路"，做到在普及基础上的提高和在提高指导下的普及。1961年7月，邓小平主持中央书记处会议，对教育部提交的《教育部直属高等学校暂行工作条例（草案）》进行了讨论和修改，并就教育问题作出了重要指示。根据"高教六十条"的精神，教育部又拟定了《全日制中学暂行工作条例（草案）》和《全日制小学暂行工作条例（草案）》。1963年3月，经中央书记处批准颁发，教育部还制定下发了《高等学校培养研究生工作暂行条例（草案）》，在调整时期形成了比较全面的教育法规。

1958年开始的"大跃进"和人民公社化运动是我们党在探索建设社会主义道路过程中的一次不成功的尝试。作为当时在一线工作的中共中央总书记，邓小平对"大跃进"和人民公社化运动经历了一个复杂的渐进的认识过程。随着实践的深入，邓小平和毛泽东等其他中央领导人一样，逐步发现并主张纠正人民公社化过程中一些"左"的错误做法。1962年1月11日至2月7日，中共中央在北京举行了扩大的工作会议。参加会议的有中央、各中央局、各省市自治区党委及地委、县委、重要厂矿和部队的负责干部7000多人。为开好这次七千人大会，邓小平做了大量的工作。他在会前主持起草了《关于召开扩大的中央工作会议的通知》,指出中央希望经过这次会议,能够总结经验,统一认识,鼓足干劲,加强纪律性,全党团结一致,一心一意,积极地、不失时机地加强各方面的工作,使当前的困难较快地得到克服,使我国的社会主义建设得到顺利发展。2月6日,邓小平代表中央书记处在七千人大会上讲话,他首先分析了这几年党在工作中的缺点和错误,接着主要从坚持民主集中制、建立经常工作、培养和选拔干部、学习马列理论和毛主席著作四个方面论述了如何恢复党的优良传统和健全党内民主生活。七千人大会取得了在当时历史条件下所能取得的积极成果。会后,国民经济和政治关系等方面的调整都有进一步的发展。

  这一时期是中国社会主义建设事业在探索中发生曲折行进的时期,邓小平在许多方面提出过重要的正确主张,有过独立思考,也有过认识上的误区和实践上的盲从。这一时期又是邓小平一生政治生涯中承前启后的时期,使他有机会放眼全党工作全局,积累了治国理政的丰富经验。

(文 / 王桢)

黄布工作服

1969年至1972年邓小平在江西新建县拖拉机修配厂劳动时穿过的黄布工作服。

钳工台前思国事

这是邓小平"文化大革命"期间在江西新建县拖拉机修配厂劳动时所穿的工作服。这套工作服陪伴着邓小平度过了一段艰难的岁月，也见证了他在逆境中的乐观与坚守。

1966年8月，当了十年党中央总书记的邓小平一下子成了"党内第二号走资本主义道路的当权派"。在中南海的含秀轩，邓小平与夫人卓琳被关押了三年。1969年10月，由于中苏关系急剧恶化，根据毛泽东的提议，中央政治局会议决定加强战备，并决定10月20日之前将在京的老同志全部战备疏散。邓小平也在疏散之列。

临行前,邓小平向中央提出了两个要求:一是能不能把"刘邓路线"去掉;二是还想再做点工作。毛泽东听后表示:"刘邓路线可以分",去江西先锻炼一下。汪东兴向邓小平传达了毛泽东的意见之后,又特意加了一句话:如果拿不了的东西可以放在含秀轩,这个院子会一直空着。毛泽东的态度让邓小平看到了重返中南海的希望。1969年10月22日,邓小平带着这样的信念和希望,与妻子卓琳、继母夏伯根一起,登上了去往江西南昌的专机。

位于南昌市郊新建县的原福州军区南昌步兵学校内的"将军楼",是原步校校长住过的一栋二层小楼。在周恩来的关照下,邓小平一家三口住进了这栋小楼里。邓家人住在楼上,楼下有一个江西省革委会的干事和一个战士,负责看管和保卫。

在这里,虽然有别于中南海的囚禁,但是邓小平和卓琳的生活还是处于半软禁和监管状态,除了每天步行到新建县拖拉机修配厂参加劳动以外,他们被规定不能随意外出,连所住的小院子也不能随便出去。

同时,邓小平和卓琳被安排到了南昌郊区新建县拖拉机修配厂监管劳动。

拖拉机修配厂同当时不少工厂一样,是按部队的连、排编制,一个车间就是一个排。车间负责的排长叫陶瑞缙,是个厚道直爽的老工人。在朴实的陶排长看来,不管什么"走资派",来厂里干活,就和大家一样。但是怎么称呼邓小平呢?是叫他同志,还是直呼其名?工人们很有智慧,他们想出了一个非常合适的叫法——"老邓"。在中国,这既是对长者的尊称,又是对年龄较大的朋友亲近自然的称呼。邓小平也很喜欢,他说:对,叫我老邓好。

那么安排老邓干什么活?这可是费了陶排长的一番心思。一开始,陶排长想让老邓干点轻活,就分配他用汽油洗一些零件。但是老邓年纪大了手抖，拿不住东西，而且弯腰也困难。

洗东西不行，陶排长又想安排老邓干点看图纸的轻活儿。结果老邓眼睛老花了，看不清楚。最后，还是邓小平自己提出，想干一点出力气的活。陶排长问老邓，用锉刀锉点零件怎么样？老邓立刻表示同意。钳工工作台在车间的一角，上面放着钳工工具。老邓看见后很高兴，拿起锉刀便开始干活。

陶排长一看，老邓完全不像一个新手。事实上，早在四十年前，邓小平在法国勤工俭学时就在雷诺汽车厂里干过钳工。虽时隔已久，但对这门手艺并不陌生。邓小平也没有想到，早年在法国一边干革命，一边学到的这门手艺，半个世纪后竟然在江西的这个小工厂中派上了用场。真可谓世事难料。

虽然每天只有上午上工，但对于一个快70岁的老人来说，每天工作的劳动量还是很大的。邓小平的性格中有一个显著的特点就是认真负责，不论做什么，他都会尽力完成。此时的他，并未将工厂的劳动看作是一项可以简单应付的事，而是全力以赴认真对待。他将劳动看成此时最重要的工作与使命，每天做工都要使出全身的力气。在工作台上，工厂的工人们为邓小平准备了一条毛巾，即使是冬天邓小平也总是要用毛巾擦擦汗。按照邓小平自己的话说："劳动成了最大的需要，虽然在盛暑，也坚持到工厂。"

在江西，工作服成了邓小平和卓琳最常穿着的衣服。为了方便做工，细心的卓琳还在工作服的袖口上缝了一圈松紧带，以便劳动时能把袖口缩紧。

在江西，邓小平、卓琳和夏伯根，这三个加起来已经超过180岁的老人必须自己张罗自己的生活，做饭、劈柴、砸煤块、洗衣服、打扫卫生，所有的家务活都要自己干。将军楼的水压很低，有时候二楼没有水，三个老人就要提着桶，把水提到楼上去。

除了里里外外的家务活全要自己承担外，由于邓小平和卓琳的工资被停发，改为发生活费，家里的经济状况成了很大问题。为了尽可能节省下钱来给孩子们留作探亲时的路费，邓小平和卓琳在平时就已经相当俭朴的生活开销上，进一步节省。只要孩子们没有回来，三位老人在家就不怎么吃肉，只吃青菜。每顿要是有剩饭剩菜，都要留着下顿再吃。除了开源，还要节流。三位老人想到了种地，他们合力在自己的小院里种起了各种蔬菜，以贴补家用。

在江西，邓小平每天上午去工厂劳动，下午在院子里收拾菜园，晚上听广播、看书，生活很有规律。在汪东兴的安排下，邓小平的藏书都被运到了江西，既有马列主义经典著作哲学，也有中外历史、文学戏剧等。这些书陪伴邓小平度过了在江西的艰难岁月。

此时，邓小平一直用书信的方式保持着和中央的联系，有时谈政治，有时谈他在江西的情况以及家人的事情。虽然他并不能确定这些信能够起到什么作用，但他仍旧坚持不辍。

65岁的邓小平保持着一颗平静、豁达而又乐观的心。他很快地适应了江西的生活。在北京消瘦的身体，开始逐渐恢复，服用了多年的安眠药，也在到了江西两个月后停用了。

劳动锻炼体质，清闲修养思想。逆境中的邓小平一天也没有放弃他的政治理想和对未来的信心。在江西，通过与工人们的接触，目睹工厂的生产状况，让邓小平真正接到了"地气"，了解了真实的国情民情。社会的混乱，人民的生活每况愈下，"文化大革命"真实的一面使得邓小平的心情愈发沉重，他话说得更少了。

在将军楼通往拖拉机厂的路上，有一条小道，在江西的岁月里，邓小平的身影每天都会出现在这条不足两公里的小道上，他一边走着一边思考，日复一日，年复一年。这条蜿蜒曲折、长满杂草的田间小道，如今被人们亲切地称为"邓小平小道"。在这条小道上，邓小平走了三年，思考了三年。尽管我们并不知道他在这条小道上想了些什么，但还是有人说，中国现在发生的许多事情，就是从这条小道上延伸出来的。

1971年11月6日，在新建县拖拉机修配厂工作的邓小平和卓琳突然得到通知，要去食堂听取有关林彪罪行的中央文件。显赫一时的"副统帅"林彪的叛国和自取灭亡，使得许多在"文化大革命"初期被打倒的老干部出现了转机，也让邓小平的江西岁月出现了拐点。

1971年11月8日，邓小平致信毛泽东，他在信中向毛泽东表示："我个人没有什么要求，只希望有一天还能为党做点工作，当然是做一点技术性质的工作。我的身体还好，还可以做几年工作再退休。"1972年8月14日，当毛泽东看到邓小平8月3日的来信后，作出了批示。周恩来看到毛泽东批示的当天，就以中央的名义正式通知江西省委，宣布对邓小平立即解除监督劳动，恢复其组织生活，并指示江西方面给邓小平安排一些参观、访问和调查研究工作。

在毛泽东的过问下，1973年1月，在江西疏散了三年的邓小平，终于得到了回京的通知。2月20日，邓小平登上了返京的列车。在离开江西时，他曾说回去后还要工作十年，实际上他一直工作了20余年。

（文/叶帆子）

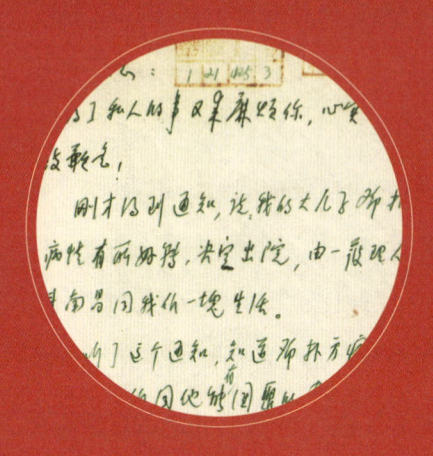

给中央的信

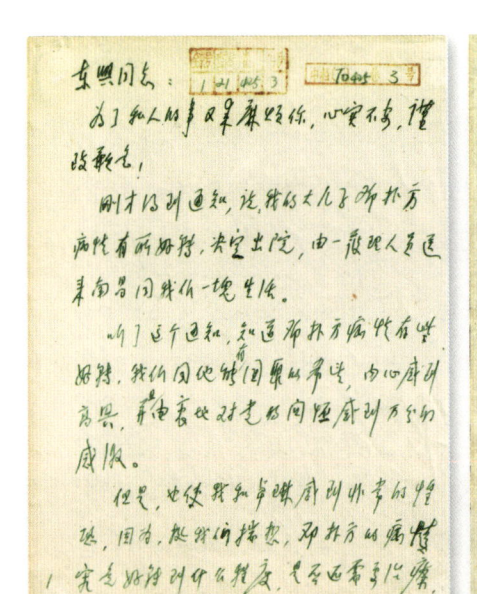

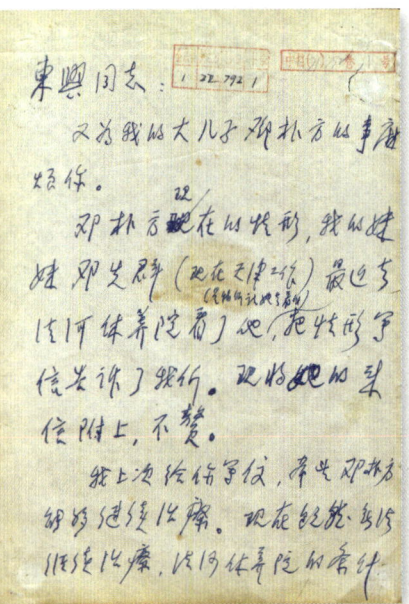

1970年和1971年邓小平写给汪东兴的信。

舐犊情深

  目前为止我们还没有看到邓小平给子女写的信。但是,"文化大革命"中,谪居江西的邓小平曾给中央写了数封信。其中,有向中央申请增加与子女见面机会的书信,也有申请增发生活费以贴补子女路费的书信。在信中,邓小平除了申明有关的政治问题外,但凡有所要求次次都是为了他的孩子们。在这些信的字里行间,透露出邓小平如同天下任何一个普通的父亲一样的心情,充满了对孩子们的牵挂与惦记。

  邓小平的女儿在《我的父亲邓小平》一书中是这样回忆的:"在谪居江

给中央的信 | 85

西的日子里，父亲写了很多的信。……他总觉得家人和孩子们是因为他才受到这么多的委屈和不幸，他总想尽一切可能，为家人和孩子们多做点事再多做点。估算一下，'文革'十年中，父亲所写的信，比他一生中其他八十年的统统加起来，还要多得多。"

这些信，有的是为大女儿邓林的分配和生活问题操心。大女儿邓林出生于革命战争时期，从小寄养在老乡家里，两岁才接回来。由于营养不良，邓林的身体非常不好。邓小平和卓琳对这个孩子一直放心不下，希望大女儿工作的时候能离他们近一点，当父母的好方便照顾照顾女儿。1970年2月9日，邓小平在给中央的信中说道："大女儿邓林即将毕业，希望将她分配到靠他们近些的地方工作。"

这些信，也有的是邓小平对较小的儿子、女儿们的牵挂，他们被迫离开中南海家中的时候年纪还很小。1971年11月8日，邓小平提笔写下："我希望能和子女们靠近一些，特别是两个较小的孩子（毛毛和飞飞）。我们的岁数大了，不免为儿女挂心，希望他们能分配到我工作的附近。"

最令邓小平揪心的是大儿子邓朴方的治病问题，为此他写了好几封信。邓朴方在"文化大革命"中因不堪忍受造反派的凌辱和虐待，选择跳楼以示抗议。从四楼跳下后，邓朴方一直没有得到合适的治疗，在江西的邓小平十分担心。他不断地给中央写信求助，希望儿子能得到治疗。此时邓朴方只有25岁，邓小平和卓琳希望他能够恢复，至少可以生活自理。收到邓小平的信后，毛泽东和周恩来都在信上作了批示。几经周折，邓朴方被安排进了北京三〇一医院。

然而有一天，在江西的邓小平接到通知，说组织上认为邓朴方病情有所好转，决定让邓朴方出院，并由一名护理人员将其送来南昌。这个消息对邓小平来说，太突然了。儿子的病情究竟好转到什么程度、是否还需要继续治疗、送到这里他们有无能力照顾等问题，他都没有把握。在这种情况下，邓小平又写信向中央求助。1970年10月17日，邓小平提笔写下："我们深切地期望，邓朴方能够治好。现在病情既有好转，如可继续治疗下去，必能渐见大效。所以，我们恳切地希望他能在现在的医院里继续治疗下去。"

但是，病中的邓朴方竟然被造反派赶出了医院，送到了清河的北京市社会救济院，靠用铁丝编字纸篓赚取生活费。这个消息由邓小平的妹妹邓先群得知后辗转告知了邓小平。在得知没有治病的机会后，邓小平焦急万分，提出要自己照料儿子。1971年2月3日，邓小平再次给汪东兴写信："我上次给你写信，希望邓朴方能够继续治疗。现在既然无法继续治疗，清河休养院的条件又是如此，我们做父母的，在情感上不能丢下不理。所以我和卓琳再三考虑，觉得还是把邓朴方接到我们住地，同我们一块生活较好。"此时邓小平已经接近70岁高龄，卓琳快60岁了，但即使无人帮助，邓小平也十分坚定，要把儿子接来自己照顾，他说："我们决心请求组织上照上次的决定，派人把邓朴方送来南昌。恳请领导批准。"

终于，邓朴方获准来到江西。分别六年的父子第一次相见，望着因受自己牵连而饱受磨难、瘫痪在床的邓朴方，邓小平只能是无言。邓朴方回忆说："相对无言，也没流泪，也不说话。只是对着看了看。"此后，邓小平就承担起了照顾邓朴方最重的责任，每天帮他翻身、擦洗。此时正值炎炎夏日，江西的天气闷热又潮湿，为了防止朴方长褥疮，必须每隔两个小时就给他翻一次身。到了夜里，邓小平就定上闹钟。闹铃一响，他就起床帮朴方翻一次身，结束后就再将闹针拨到两个小时后，如此反复，直至天明去工厂上班。虽然辛苦，但是想到儿子不用一个人在千里之外受苦，邓小平还是觉得欣慰得多。

当年邓小平在江西南昌郊外的小楼上写下这些信，子女们并不知情。直到后来，他们才陆续得知此事。2004年邓小平诞辰100周年，邓小平故居陈列馆展出了其中部分信件，邓朴方参观时久久停留在这些信前没有离开,这是他第一次看到真迹。心情沉重的邓朴方说:"那是我第一次看到真迹,心情就很沉重了。老人家在那么困难的情况下,对我们子女还付诸这么多的心血。所以我看了半天,说不出话来,真是可怜天下父母心。"

是啊,还有什么能比"可怜天下父母心"更能概括邓小平的这些信呢?历史的大潮中,人们往往无法掌握自己的命运。此时的邓小平,作为一家之长,为了让孩子治病,为了让孩子上学,为了孩子的工作,他只能一次又一次地拿起笔,一封又一封地写信,通过给中央写信、给主席写信,来尽力为孩子们做点事情。改革开放之后,邓小平曾说,家庭是个好东西。这是他切身的体会,尤其在"文化大革命"这个特殊的年代里,对孩子对家庭的牵挂,给邓小平带来了许多温暖和力量,这些感受也不断地转化为对未来的信心。"无情未必真豪杰,怜子如何不丈夫。"从这些信中,我们感受到伟人邓小平流露出的普通父亲对子女们的思念和牵挂,亲情的温暖令人动容。

(文/王达阳)

给卓琳的字条

邓小平写给卓琳的字条。

2014年邓小平诞辰110周年之际,邓小平故居陈列馆公开了邓小平写给卓琳的一张字条。字条上是这么写的:

"已批准我们同小孩们同住,在原处。孩子们是否全回,须同他们商量。几天后才动,注意秘密。你既可见到孩子们,就不急于出院,把别的病也治一治。"

这是1976年6月,邓小平给在三〇一医院住院的卓琳写的一张小纸条,也是邓小平难得一见的家书。寥寥数语,只有了解历史背景才能体会其间的欣喜、宽慰。

当时邓小平第三次被打倒，被撤销了一切职务，收音机里、报纸上到处都叫嚣着"批邓、反击右倾翻案风"。4月初的一个晚上，为了避免"四人帮"对邓小平的冲击，汪东兴把邓小平藏到了东交民巷十七号的老宅子里，与外界断绝一切联系并报告了毛主席。邓家仍住在宽街的子女和工作人员就地集中办"学习班"，邓小平临走前邓楠往他口袋里塞了一盒扑克牌。这既是政治处理的办法，也是对邓小平的保护。

原本卓琳也被带来与邓小平住在一起，但是卓琳因角膜溃疡住到了三〇一医院，二人不得已分开。此时邓小平与家人完全隔离，音讯隔绝，每天只能在屋子里转圈散步，邓楠塞到他口袋里的那盒扑克牌都被摩挲得旧了。独自在医院的卓琳也非常牵挂邓小平的安危，住院期间，她给邓小平写了一个条子，叮嘱说千万不要离开你现在住的地方。两个多月后的6月初，邓小平致信汪东兴并转报毛泽东、党中央，表示一个人太孤单，想回去和孩子们住在一起，说：我"急切地提出同孩子们同住，或者首先允许他们来看望我们的要求"。次日，毛泽东口头指示，可以同意邓小平来信请求。

可以回去住，就意味着人身安全无忧，意味着一家人又能在一起了，邓小平十分高兴，他偷偷地给老伴递了这张纸条。7月19日，邓小平与卓琳从东交民巷搬回宽街住宅。这是邓小平和卓琳一生中为数不多的纸笔往来，风雨飘摇与境遇沉浮中，爱人与家庭的温暖支撑着邓小平度过了人生的最低潮。这些温暖也转化为日后邓小平屡屡坚持真理、披荆斩棘的自信与动力。

邓小平与卓琳相知相识于革命战争年代。1939年8月，时任一二九师政委的邓小平从太行山赴延安开会，通过战友的介绍认识了卓琳，并于9月与卓琳在延安结婚。当天，毛泽东、刘少奇、张闻天、李富春等都参加了，婚礼简朴而隆重。

革命形势下，很多革命夫妇都采取丈夫去根据地、妻子留在延安的方式，但卓琳坚决不同意。婚后她唯一的要求就是随军，跟着邓小平到前线。

战争形势下，这对新人日常无法厮守，常常是邓小平在一二九师师部，卓琳在八路军总部，只有邓小平偶尔回来开会才能见上一面。这时的邓小平性格也与年轻时爱说爱笑不同，因为肩负重任，他变得沉默寡言，不爱说话。快言快语的卓琳一开始不太适应，而且两地分居，她十分想念自己的丈夫，就提出想让邓小平给她写写信，说说每天做了什么。务实的邓小平表现得有些"不解风情"，说：好，我让秘书写个底稿，印上几十份，每月寄给你一份吧。卓琳一听，写信的事只好作罢，她慢慢地也理解了丈夫不懂"儿女情长"、顾全大局的心，默默地支持着他的事业。后来，卓琳又对邓小平说："你的性格是不爱说话，我的性格是爱说话。可现在我又不能随便跟别人说话。说错了，对你影响不好，所以我只有跟你说了。我把我的想法说出来，你一定要听下去。我说错了，你可以批评，我来改。"他说："我这个人就是这样的脾气，你愿意说话你就随便说，我有意见我就提，没有意见就这么算了。"后来，两人就在日常的相处中渐渐地适应对方、互相理解。战场上的闲暇时刻，指挥千军万马的邓小平也会亲自烧上一锅水，为妻子洗洗头发，或是约上另一对夫妻，一同打打牌。

后来他们有了孩子。从太行山到大别山，从抗日战争到解放战争，每每邓小平率领部队解放了一个地方，卓琳就带着孩子赶到那里。再往后，刘邓进军西南，他们就跟着去重庆，卓琳还当起了老师；邓小平到北京工作，一家人又跟着搬到了北京。为了支持邓小平的工作，颇有才华的卓琳选择担任邓小平的机要秘书，做着十分低调的工作。他们和千千万万普通人家一样，每天晚饭要等着人齐了才开饭；周末了就去逛逛公园、休息休息；妈妈负责辅导孩子们的功课，爸爸则要在小孩的成绩册上检查、签名。他们的子女回忆说："几十年来，从来没见父母亲红过脸，或者争论什么问题。"

"文化大革命"开始后不久，邓小平一下子成了"党内第二号走资本主义道路的当权派"，受到冲击。子女们也被"文化大革命"的狂流冲得飘零四散，邓朴方被迫害致残，其他子女被分配到不同的地方下乡接受"改造"，卓琳常常因为思念子女而捡起剩下的烟头抽起了烟。艰难岁月，更显出夫妻间的情深意切。那个时候有很多人选择划清界限，但是卓琳坚定地说：我是了解他（邓小平）的，我不会和他离婚。不但自己这样，卓琳还给孩子们讲父亲的历史，讲他工作中的事情，分析斗争形势。从她的讲述中，儿女们理解了父亲和他的事业。他们和母亲一样，爱自己的父亲，一家人选择共渡危难。随着邓小平被"疏散"到江西，卓琳也跟着南迁，两位老人不离不弃，相濡以沫，相依为命，携手度过了人生的最低潮。政治的失意和生活的困顿并没有摧毁邓小平坚强不屈的意志，反而使得邓小平和卓琳之间的感情在患难之中历经磨砺，愈显光芒。

家庭的温暖，是帮助邓小平从容应对政治逆境的一个重要因素。1973年，邓小平结束了在江西的劳动改造生活，回到北京。此后，他主持党政军日常工作，大刀阔斧地领导开展全面整顿，赢得了人民的信任。没想到，仅仅过了三年，一场"反击右倾翻案风"运动再次把邓小平推到了困境。十年磨难，两度沉浮，世态炎凉，风雨飘摇中，不变的是与他相伴永远的妻子儿女。这也才有了本文开头提到的邓小平难得一见的、写给卓琳的信。

第三次复出后，邓小平领导党和人民大刀阔斧地进行改革，实行对外开放。而在生活中，卓琳给予邓小平无微不至的照顾。邓小平一年四季穿什么衣服，盖什么被子，每天晚上吃几粒安眠药，都是她来安排。邓小平喜欢喝龙井，卓琳每天早早就给他泡上浓浓的一杯茶，等邓小平喝完后，剩下的茶根卓琳才接着喝，下午又给他泡一杯新的龙井。家里的事情卓琳也打理得井井有条，她是这个大家庭的核心，营造了非常和谐、欢乐、民主、向上的家庭气氛，而邓小平从来没有意见。卓琳关心邓小平，邓小平也十分爱护卓琳。有一次，卓琳患了重感冒，她担心传染给邓小平，不让邓小平到她的房间。邓小平那天要参加一个重要会议，出门前特意嘱咐工作人员："给卓琳找个医生看看。"会议结束，邓小平一进门就问："卓琳怎么样了？"他不顾警卫人员的劝阻，径直来到卓琳的房间，仔细询问病情，嘱咐卓琳一定要多喝水，按时吃药。夫妻情深可见一斑。

1997年2月19日，邓小平逝世，举国哀痛。当人们思考着该以何种方式向老人家表达最深切的思念之情时，卓琳向家人、子女们提出了一个要求：一切要以中央的决定为准。卓琳对远道而来的亲属们说："我知道你们是怀念邓小平，既然这样，我想要求你们，一定要像邓小平那样，时时事事把人民的利益放在第一位，老老实实为人民做事情，这是对邓小平最好的怀念。我希望你们每一个人，念书的好好念书，工作的好好工作，做一个好党员、好公民。"遵从邓小平的遗愿，卓琳含着热泪，与子女们将邓小平的骨灰缓缓撒向大海，做着最后的告别。

邓小平晚年一直有两个心愿：他想活到1997年，到香港自己的土地走一走，看一看；他想活到2000年，亲眼看一看中国人民的小康生活。与邓小平相伴一生的卓琳替他实现了这两个心愿。2009年7月29日，和丈夫一样，历经93载的风雨人生，圆满地完成了时代、国家、人民和家庭赋予她的使命的卓琳走了，走得平静、安详。和丈夫一样，她选择把骨灰撒入同一片大海，相濡以沫58年的他们在大海中相伴永远。

（文／王达阳）

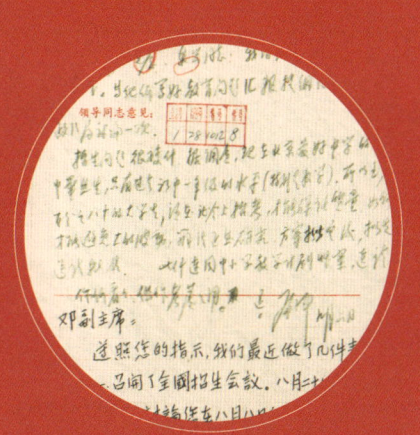

《关于推迟招生和新生开学时间的请示报告》的批示

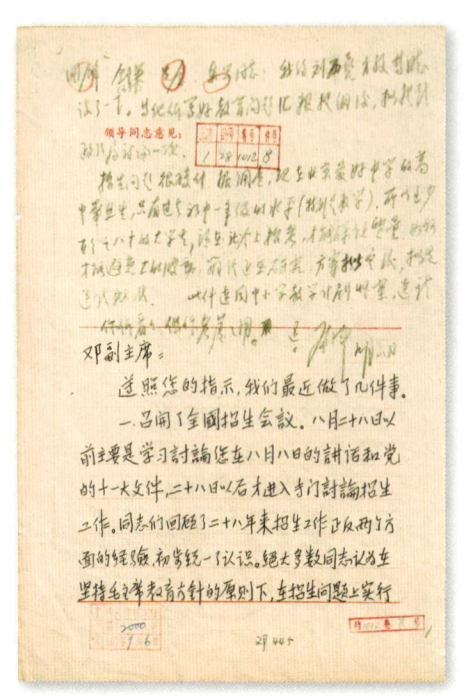

1977年邓小平在教育部关于教育工作报告上的批示。

　　1977年8月18日,邓小平在教育部提交的《关于推迟招生和新生开学时间的请示报告》上作出重要批示:"这是经过考虑,为了保证重点大学学生质量而商定的。拟同意。"《请示报告》中提出:将对高等学校招生制度作较大的改进,招生时间拟推迟到第四季度,1977年新生于明年2月底前入学,推迟3个月。

　　恢复高考是邓小平重新走上党和国家领导岗位后作出的一项重大决策,是他酝酿许久的一项拨乱反正的重大举措,彻底打破了受"文化大革命"影响停滞了十年之久的教育困局，改变了一代知识青年的命运。

"文化大革命"开始后不久，高等学校招生考试制度随即被废止。1966年至1969年，所有大专院校停止招生，师生被下放劳动，高等教育陷于全面瘫痪。1970年至1976年，为落实"要从有实践经验的工人农民中间选拔学生"的指示，高等学校恢复招收新生，对象是初中毕业经过两年以上劳动锻炼的工农兵学员，在此期间全国招收工农兵学员共94万人。文化和业务课程大量减少，教学质量严重下降，大批知识青年失去接受正规教育的机会，造成人才生长的断层。

1977年5月，尚未复出的邓小平就尖锐地指出："同发达国家相比，我们的科学技术和教育整整落后了二十年。"教育改革怎么搞，大学怎么办，人才怎么培养，成为摆在党和国家面前又一重大问题。

为此，邓小平主动请缨，郑重向中央提出分管科学、教育工作。

1977年8月4日，在北京召开了一次富有深远历史意义的科学和教育工作座谈会，这是邓小平复出工作后召开的第一个会议。开会前，邓小平就提出"找一些敢说话、有见解的，不是行政人员，在自然科学方面有才学的人参加"。于是，中国科学院和教育部邀请了来自全国各地的33位著名专家学者，年龄跨度从31岁一直到82岁。这是一次史无前例的座谈会。没有事先准备好的长篇报告、讲话，从8月4日到8日的会议全部是自由发言。刚开始与会人员思想上有顾虑，不敢讲。邓小平开宗明义："邀集这次座谈会的目的，就是要请大家一起来研究和讨论，科学研究怎样才能搞得更快更好些，教育怎样才能适应我国四个现代化建设的要求、适应赶超世界先进水平的要求。"在邓小平的引导下，与会专家很快活跃起来，连夜赶写发言提纲，积极建言献策。

对于何时恢复高考，按照邓小平最初的设想至少需要一年的准备时间。在会上，他也阐述了自己的想法："从明年开始执行新的教育制度。今年做准备，把学制、教材、教师、学生来源、招生制度、考试制度、考核制度等都要确定下来，都要搞好。搞好后就不要经常变动了。"随着探讨的深入，焦点集中到了这一急迫而重要的问题上。

8月6日，武汉大学化学系副教授查全性做了认真的思考和准备，他讲到，招生是保证大学教育质量的第一关。大学新生质量没有保证，其原因一是中小学生质量不高，二是招生制度有问题，主要矛盾还是招生制度。不是没有合格人才可以招收，而是现行制度招不到合格的人才。他呼吁，今年能办的就不要拖到明年去办。随后，吴文俊、王大珩等专家纷纷发言，赞同查全性的意见，建议党中央、国务院下决心，对现行招生制度来一个全面的改革，宁可今年招生晚两个月。听了大家的意见，邓小平为之震动，当场作出决断："把原来写的招生报告收回来，根据大家的意见重写。招生涉及下乡的几百万青年。要拿出一个办法来，既可以把优秀人才选拔上来，又不要引起波动。重点学校要统一招生。今年下决心按要求招生，招的学生要符合要求。"8月8日，在科教座谈会结束时，邓小平在总结发言中再次明确宣布："今年就要下决心恢复从高中毕业生中直接招考学生，不要再搞群众推荐。从高中直接招生，我看可能是早出人才、早出成果的一个好办法。"

连续五天时间，73岁的邓小平每天上午9点前准时到会，中午稍稍休息，下午又来，直到夜色朦胧才离开。炎热的天气没有阻挡邓小平的脚步，他以最迅捷的方式了解到科教战线最真实的情况和最迫切的需求，又以超乎寻常的魄力和判断力，作出了影响中华民族命运的关键决策。国家科委原副主任吴明瑜参加了这次会议，他评价道："这次惊雷，震撼中国，震撼世界，实际上它的意义远远超出科教工作。我现在回想，可以说是小平同志在谋求中国的建设的新道路的一个开端。"

科教座谈会结束后，根据邓小平的意见，教育部很快报送了《关于推迟招生和新生开学时间的请示报告》，决定将高等学校和中专推迟到第四季度招生，录取新生次年 2 月底前入学，推迟 3 个月。1977 年冬，570 万考生走进了期盼已久的高考考场；1978 年夏，又有 610 万考生参加高考。1180 万人的总量创造了考试史上的奇迹。邓小平常讲："教育是一个民族最根本的事业。"从那时起，中国恢复的不仅仅是高校招生考试制度，还有全民族、全社会对教育事业的高度重视和着力发展。

对于千千万万的青年人来讲，高考给予了他们选择知识、选择命运的权利，培养了一批高素质、有理想、有才华的知识青年。对于百废待兴的中国而言，高考为恢复和建立新的教育秩序打下了基础，为开辟中国特色社会主义道路找到了突破口。

（文／苏歆）

国际友人赠送的新年贺卡

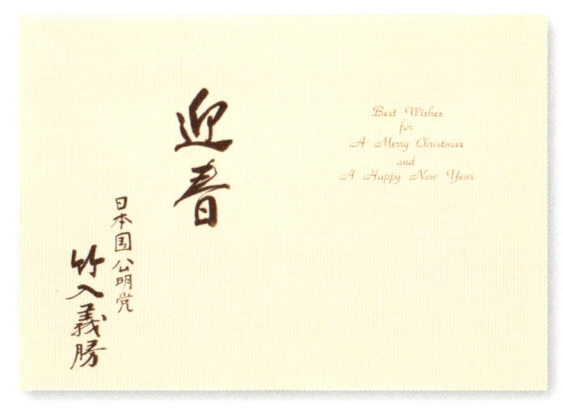

国际友人赠送的新年贺卡。

2014年,在邓小平诞辰110周年前夕,一批新整理的邓小平遗物送往四川广安邓小平故居陈列馆。其中,有近百张国际友人赠送的新年贺卡,它们见证了改革开放的光辉岁月。

1978年,被称为中国改革开放的元年。在经历了西方资本主义国家近30年的封锁、禁运和"文化大革命"十年内乱的封闭、半封闭状态,中国开始突破僵化的思想观念和传统的体制机制,破冰起航,走向开放。这一年,邓小平在各种场合呼吁,现在是我们向世界先进国家学习的时候了。我们要到外国去看一看，看人家怎么管理的。世界天天发生变化，新的事物不断出现，新的问题不断出现，我们关起门来不行，不动脑筋永远陷于落后不行。这一年，74岁的他以急切的脚步走出国门，先后4次出访了7个国家，包括日本、缅甸、尼泊尔、朝鲜、泰国、马来西亚和新加坡。

在上述出访中，最受世人瞩目的是邓小平1978年10月对日本进行的访问。这是他第三次复出工作后第一次访问发达国家。在完成了《中日和平友好条约》批准书互换仪式后，邓小平开始潜心考察日本经济和社会发展情况。他在不同的场合，表达着相同的观点："这次到日本来就是要向日本请教，为寻求日本丰富的经验而来的。中国的经济发展要比世界落后二十年，我们要努力学习外国的一切先进经验和先进技术。"

在不到一周的时间里，邓小平先后参观了日本四家大型企业，分别是日产汽车、君津制铁所、松下公司和日本造币局。这些都是当时日本最引以为豪的支柱企业。在日产汽车，邓小平讲了那句著名的话："我懂得什么是现代化了。"他在新干线特快列车上的那句话同样被世人熟知："就感觉到快，有催人跑的意思，我们现在正合适坐这样的车。"这一幕给日本外务大臣园田直的夫人园田天光光留下了深刻印象，直到30年后她还能清晰地回忆："我现在还深深记得，邓小平先生当时说的，他看窗外日本人民生活得非常好，他说希望能够提供中国人民这样的生活。这句话一直铭刻在我心中，久久不能忘怀。"

1978年10月26日，邓小平从东京的海湾码头乘坐有140多个座位的新型气垫船去了日本钢铁之城君津，那里有新日本钢铁公司最大的一座钢铁厂，同时也是当时世界上最先进的钢铁企业——君津制铁所。邓小平亲眼看到：由于全自动化生产，许多车间里几乎看不到一个工人。邓小平问新日铁董事长稻山嘉宽，能不能照着君津制铁所的样子帮助中国建设一个钢铁厂。稻山嘉宽回答，当然可以。这个比照君津制铁所建造的钢铁厂就是后来的宝钢。在邓小平的关心和支持下，中日关于引进成套技术设备的谈判进展顺利。就在他访问日本两个月后，万众瞩目的宝钢就破土动工了。这是新中国成立以来我国引进技术项目最多、范围最广、水平最先进的特大工程。有人说，国家花巨资"买"了一个现代化，诸如此类的质询和责难，从全国各地涌来。关键时刻，邓小平坚定地表示：国内对宝钢议论很多，我们不后悔，问题是要搞好。历史将证明，建设宝钢是正确的。1984年12月26日，经过5年艰苦建设，宝钢一号高炉综合联动终于试车成功，这是当时我国容积最大、技术最先进的大型高炉。一年后，宝钢一期顺利投产。度过初创时的坎坷，宝钢从此走上了发展壮大之路。到1991年宝钢二期建成投产时，有人算过一笔账：此时的宝钢，已上交一个宝钢，还掉一个宝钢，又新建了一个宝钢。宝钢引进的是世界上最先进的技术，其节能和环保指标都达到世界一流水平。经过30多年的努力，宝钢还取得了近千项科技成果，开发了100多种新产品，我国的钢铁工业以宝钢为新起点，进入了一个新的历史时期。

在邓小平遗物的近百张贺卡中，有一组比较特别，这组贺卡都来自同一个地方——日本松下电器产业株式会社，也就是我们所熟知的松下电器公司。在访日行程中，邓小平参观的第三家企业就是松下公司的茨木工厂。那一天，松下公司创始人——83岁高龄的松下幸之助冒着细雨提早到工厂大门外等候邓小平的到来。他对这位中国政坛的传奇人物兴趣浓厚，希望有机会一睹邓小平的风采。参加迎接的还有他的女婿、第二任社长松下正治。后来，松下幸之助、松下正治以及第三任社长松下俊彦都为邓小平赠送了新年贺卡。见到这位被誉为"日本经营之神"的企业家，邓小平说："这次我是抱着向你们请教的态度来的，希望松下的电子工业到中国去。"多年以后，松下幸之助回忆说："中国领导人对实现现代化的热情，谦虚而求实的态度，处理问题的灵活性令人感动。"

1979年6月27日，84岁的松下幸之助访问中国，成为访问新中国的第一位国际级企业家。松下幸之助到达北京首日，有关单位邀请他观看了京剧《孙悟空大闹天宫》。两天后，松下幸之助与邓小平会谈时说："中国推进现代化建设需要综合艺术家。前天，我看了京剧《孙悟空大闹天宫》，孙悟空神通广大。经营管理者也应该像孙悟空那样神通广大才行。"邓小平说："中国的现代化建设缺少孙悟空。"如何打造中国现代化建设的"孙悟空"？邓小平提出了一个新的战略构想：要利用外国智力，请一些外国人来参加我们的重点建设以及各方面的建设。后来，根据邓小平的这个构想，中央作出关于引进国外智力以利四化建设的决定并成立引进国外人才领导小组。

继邀请日本专家来华讲学和担任顾问后，1979年下半年，根据邓小平的指示，谷牧又邀请联邦德国专家古托夫斯基来华讲课并担任顾问。在华期间，古托夫斯基在北京较大范围内给政府官员、经济界人士及学者就市场经济问题作演讲，详细介绍联邦德国社会市场经济体制的情况。国务院副总理李岚清对古托夫斯基当年来华讲学有这样一段评价："他的演讲，使我国计划经济烙印很深的广大干部，开始对市场经济有所了解，这也是思想上的'突围'"。

1984年11月，德国专家威尔纳·格里希出任武汉柴油机厂厂长，作为中国首位洋厂长，格里希将"质量管理"的理念带入武柴，并迅速在全国掀起了引进国外管理人才的风气，被称为"格里希效应"。

1985年，国务院聘请新加坡第一副总理吴庆瑞博士和香港著名企业家包玉刚担任沿海开发经济顾问。邓小平说："搞现代化建设，最重要的是知识和人才。我们最大的弱点恰恰在这里。我们请你们来，就是请你们提供知识。不仅请你们来，还要广泛地请发达国家退休的专家、技术人员来帮助我们工作，他们来当顾问或到企业里担任实职都可以。"这一年，应聘来华的技术和管理专家从1984年的300人增加到1102人。这些外国专家在宏观决策、技术改造、开发新产品、解决某些关键技术或管理问题等各个领域都发挥了积极作用。在请外国专家讲学的问题上,邓小平曾说:"同中国友好的学者中,著名的学者多得很,请大家来讲学,这是一种很好的办法,为什么不干?"于是,陈省身、杨振宁、李政道、丁肇中等著名华裔科学家也相继来国内讲学。

邓小平细心地捕捉着时代变化的脉搏,深入思考着中国的未来。在他的带领下,人们的视野不断拓宽,思想不断解放,一个个禁区在悄然突破。引进国外先进技术和设备、利用国外资金、引进国外智力、大胆进入国际市场,渐渐成为党和国家的基本决策。国际社会都真切地感受到,中国正以踏实的步伐走向世界。

(文/周锟)

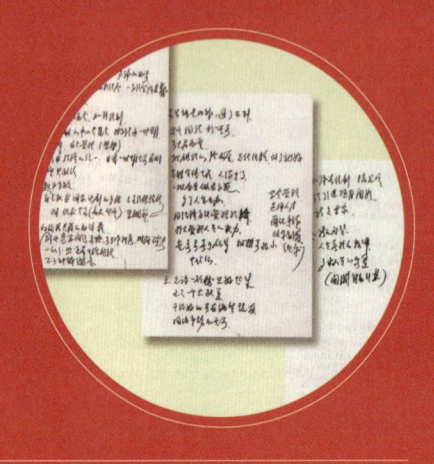

《解放思想,实事求是,团结一致向前看》提纲手稿

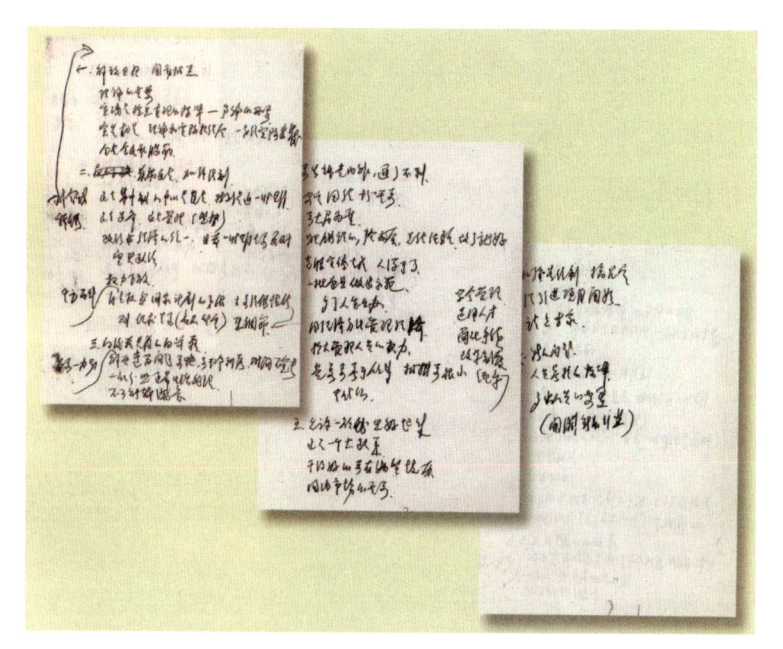

邓小平在中央工作会议闭幕会上的讲话提纲手稿。

一份讲话提纲

    这是邓小平为1978年中央工作会议闭幕会上的讲话写的提纲。这个手稿写在16开的白纸上，一共3页，近500字。由于年深日久，纸面已微微发黄。字是用铅笔写的，列了七个方面的问题："一、解放思想，开动机器；二、发扬民主，加强法制；三、向后看是为的向前看；四、克服官僚主义、人浮于事；五、允许一部分先好起来；六、加强责任制，搞几定；七、新的问题。"这篇讲话，实际上是随后召开的十一届三中全会的主题报告。后来以《解放思想，实事求是，团结一致向前看》为题收入《邓小平文选》第二卷，是一篇经典文献，也是邓小平的著名篇章。

邓小平在中央工作会议上的讲话稿，早在1978年10月就开始酝酿起草了。讲什么，主题怎么定，邓小平之前已经进行了长时间的调查、思考和探索。当时的中国，距离粉碎"四人帮"、结束"文化大革命"已过去两年，并重新提出了实现四个现代化的目标，人民希望中国从危难中重新奋起。但当时国家的重点工作仍然用着"抓纲治国"的口号，也就是阶级斗争，具体说就是揭批"四人帮"。面对这种状况，在党和人民的期盼中第三次复出的邓小平在思考一个问题：什么是社会主义？社会主义应该干什么？

为了摸清国情，邓小平先后到了广东、成都、东北等地，他看到的实际情况是：社会主义搞了20多年还很穷，很落后；由于"文化大革命"的破坏和延误，同发达国家相比，我国经济上的差距可能是20年、30年，有的方面甚至是50年。

邓小平说：什么叫社会主义，社会主义总是要表现它的优越性嘛。人民生活水平不是改善而是后退叫优越性吗？如果这叫社会主义优越性，这样的社会主义我们也可以不要。社会主义的优越性总要通过生产的发展和人民生活的提高来体现，这是最起码的标准，空头政治不行。

1978年9月，也就是中央工作会议的前夕，邓小平在访问朝鲜回国途经东北视察的时候提出了新的战略。在东北，邓小平走一路，看一路，说一路。用他自己的话说：我是到处点火，在这里点了一把火，在广州点了一把火，在成都也点了一把火。当时正处在揭批"四人帮"的高潮，这项工作自然是每个单位向邓小平汇报的重点。但出人意料的是，这并非邓小平关注的重点。他最关注的是什么呢？在长春，邓小平说：我们是社会主义国家，社会主义制度优越性的根本表现，就是能够允许社会生产力以旧社会所没有的速度迅速发展，使人民不断增长的物质文化生活需要能够逐步得到满足。外国人议论中国人究竟能够忍耐多久，我们要注意这个话。我们要想一想，我们给人民究竟做了多少事情呢？在沈阳，邓小平说：我们太穷了，太落后了，老实说对不起人民。我们现在必须发展生产力，改善人民生活条件。在鞍山，邓小平说：社会主义要表现出它的优越性，哪能像现在这样，搞了20多年还这么穷，那要社会主义干什么？

面对这种情况，究竟应该怎么办？下一步的路应该如何走？邓小平在思考，在探索，并给出了初步答案。邓小平说：揭批"四人帮"运动总有个底，总不能还搞三年五年吧！总不能说什么都是"四人帮"搞的，有些事情还要自己负责。要把运动进行到底，底在哪里，摸不着。运动搞久了，容易倦烦，还可能打击面宽了。运动不能老搞下去，到一定时候要转入正常。1978年10月11日，邓小平在中国工会九大开幕式致词中宣布：揭批"四人帮"的斗争在全国广大范围内已经取得决定性的胜利，我们已经能够在这一胜利的基础上开始新的战斗任务。"开始新的战斗任务"，实际上就是后来所说的"转移到经济建设上来"。

这样，在中央工作会议前夕，邓小平第一个从正面提出结束揭批"四人帮"运动、实现全党工作重点转移的问题，这在当时是一个很多人连想也没有想过的问题。邓小平的话反映了广大干部和群众的呼声。

与此同时，邓小平在即将召开的中央工作会议上的讲话稿的主题也已确定，那就是讲全党工作重点的转移问题，并由胡乔木牵头起草。

中央工作会议定于11月10日在北京召开，原定议题一是讨论农业问题，二是商定1979年、1980年国民经济计划的安排，三是讨论李先念在国务院经济工作务虚会上的讲话。会前，根据邓小平的提议，中央政治局常委会议、中央政治局会议决定，会议先用两三天的时间讨论从1979年起把全党工作重点转移到社会主义现代化建设上来的问题。后来发生的事证明，正是邓小平对全党工作重点转移问题的首倡和提议使历史转折得以实现。

11月10日，中央工作会议开幕。此时的邓小平不在国内。从11月5日起，邓小平开始访问泰国、马来西亚、新加坡，这是中国领导人第一次访问这三个国家，为我国争取良好的周边环境发挥了重要作用。

会议开始后，在围绕工作重点转移问题的分组讨论中，陈云、谭震林、胡耀邦等人的发言涉及"文化大革命"中的重大政治事件，以及"文化大革命"前的"左"倾错误。也就是说，要实现工作重点的顺利转移，就要解决"文化大革命"中遗留的一大批重大问题和一些重要领导人的功过是非问题。一石激起千层浪。会上会下围绕这些发言开始议论纷纷。而且，许多人在发言中还提出了一些新的问题，并对一些中央领导人阻挠解决历史问题的错误提出了严肃的批评。陈云等人的发言使会议突破了原定的框框，会议的内容大大超出原定的议题，会期也超出原定的时间，开成了一次解放思想，拨乱反正，集中批判"左"倾错误的会议。

会议开到这个时候，邓小平敏锐地意识到，工作重点转移问题已经不那么突出了，意见比较一致，没有什么阻力了。同时，在历史转折关头，许多新的情况、新的问题突现出来，需要党的领导人抓住机遇，作出回答，指明方向。于是，邓小平决定重新起草讲话稿。12月2日，邓小平约见起草人，拿出亲笔拟出的讲话提纲，提出讲话稿的主要内容要转到反映真理标准问题、发扬民主问题、团结一致向前看问题和经济管理体制问题上。12月5日，邓小平再次约见起草人，就讲话稿的主题、内容、文字和结构进一步发表意见，他在谈话中说：要解放思想，开动机器，一切向前看。讲话的主题更加鲜明集中。

12月13日下午，中央工作会议闭幕，此时的邓小平已是众望所归，他在闭幕会上的讲话最受关注。邓小平讲了四个问题：一、解放思想是当前的一个重大政治问题。解放思想，开动脑筋，实事求是，团结一致向前看，首先是解放思想。只有思想解放了，我们才能正确地解决过去遗留的问题，解决新出现的一系列问题，确定实现四个现代化的具体道路、方针、方法和措施。二、民主是解放思想的重要条件。必须使民主制度化、法律化，使这种制度和法律不因领导人的改变而改变，不因领导人的看法和注意力的改变而改变。三、处理历史遗留问题为的是向前看，为了顺利实现全党工作重心的转变。四、研究新情况，解决新问题。再不实行改革，现代化事业和社会主义事业就会被葬送。

邓小平的讲话提出并回答了人们关注的实现历史转折和进行现代化建设所面临的最重大、最关键的问题，为即将召开的十一届三中全会明确了指导思想，实际上成为十一届三中全会的主题报告。这篇讲话也是在"文化大革命"结束以后，中国面临向何处去的重大历史关头，冲破"两个凡是"的禁锢，"开辟新时期新道路、开创建设有中国特色社会主义新理论的宣言书"。

（文/王达阳）

来自大洋彼岸的牛仔帽

1979年邓小平访问美国时美国友人赠送的牛仔帽。

旋风九日

    这是一顶带有纯正美国西部风情的牛仔帽，白底衬着红色的丝质缎带，既普通又看得出考究。这顶牛仔帽的拥有者是邓小平，它是一份来自大洋彼岸的国礼。

    1979年1月28日，农历己未年大年初一，按照中国人的习惯，这一天是不出远门的，但就在清晨凛冽的寒风中，74岁的邓小平登上专机，率团访问美国。这个时间是邓小平专门选定的，取意"一年伊始，万象更新"，他非常清楚，这趟特殊的旅程，将翻过历史厚重的书页写下新的篇章。

来自大洋彼岸的牛仔帽

1978年底，党的十一届三中全会上，邓小平实际上成为党的第二代中央领导集体的核心。开元伊始，邓小平开创的第一个新局面，就是决策中美建交，结束世界上人口最多的国家同世界上最发达的国家将近30年关系不正常的状态。12月16日，中国和美国发表《关于建立外交关系的联合公报》，宣布两国政府自1979年1月1日起建立外交关系。两天前的12月14日，美国总统卡特向邓小平发出访美邀请。令他意外的是，邓小平在24小时之内即作出答复。出访美国，邓小平的这一举动吸引了全世界的眼球。1979年第1期美国《时代》周刊把邓小平评选为1978年度风云人物，并且写道：一个崭新中国的梦想者——邓小平向世界打开了"中央之国"的大门。仅仅一个月后，邓小平的头像再次出现在《时代》周刊封面上，这回，美国人取的题目更加醒目——《邓来了》。

经过近20个小时的长途跋涉，邓小平到达美国国宾馆布莱尔宫。美国东部时间1979年1月29日，星期一，晴，美国总统卡特在白宫玫瑰花园南草坪以接待国家元首级的外交礼仪，欢迎中国国务院副总理邓小平。上午10时许，邓小平乘坐的黑色贵宾车徐徐驶来，停在白宫南面外交大门口，卡特和夫人已经在20英尺长的红地毯尽头敬候。仪仗兵拉开车门，邓小平下车时，卡特已到了他面前，翻译官冀朝铸急急赶来为二人作实时传译。握手礼后，卡特引见美国第一夫人罗莎琳，并与卓琳握手。美国军乐队起奏，宾主步上演讲台就位，随后演奏中华人民共和国国歌和美国国歌。在场700多名特邀观礼嘉宾和300多名记者肃立。演奏完毕，邓小平在卡特陪同下，由仪仗指挥官引路，检阅美国三军仪仗队。邓小平步伐稳健，结束时转身向四周观礼的嘉宾挥手致意，1000多位出席者报以热烈掌声。宾主回到演讲台，白宫鸣放礼炮19响，这也是国家元首的礼遇。在卡特致欢迎辞后，邓小平在答辞中以开阔的视野强调了中美关系的重要性，他说："中美关系正常化的意义远远超出两国关系的范围。中美两国是伟大的国家，中美两国人民是伟大的人民，两国人民的友好合作，必将对世界形势的发展产生积极的深远的影响。"这是卡特第一次见到邓小平，他后来回忆说：邓给我一个很好的印象，他个子不高、身体结实、聪明机智、言谈坦率、富有魄力、仪表不凡、信心十足、态度友好，同他会谈真是一件乐事。

国会山，美国参众两院所在地。如果说与卡特在白宫会谈的气氛还十分轻松的话，那么在这里，邓小平连续两场访问美国国会，则是真正的考验。中美之间存在的最大障碍是台湾问题。由于援蒋集团的影响，中美关系正常化的主要阻力正在美国国会，如果不能争取国会批准，关系正常化也可能搁浅。因此当邓小平访问参众两院的时候，连卡特都捏了一把汗。后来的事实证明，卡特的忧虑是没有必要的。邓小平的出色表现，博得美国参众两院的一致认可。结果，一向矜持的美国议员们排着队请邓小平签名。议员们评价邓小平："他不但诚实坦率，而且和蔼可亲。""他沉着镇静而有自制力。""总的来说，他给人留下了良好的印象。"甚至有议员说："假如邓小平今天要参加美国政选的话，他很有机会取胜。"由于邓小平的积极影响，中美建交得到了美国两党的一致支持，甚至当邓小平即将离开华盛顿的时候，两党领袖专门来参加中国驻美国大使馆举办的招待会。卡特回忆说：与预料相反，一切进行得非常顺利。在关系正常化之前和之后，中国人对我所负的其他职责以及美国国内的政治现实，都表现得十分理解和通情达理。总之，通过实现正常化的全过程，我懂得了为什么有人说中国人是世界上最文明的人。

在华盛顿的肯尼迪中心，为邓小平特别安排了一场文娱晚会。这场晚会同样打破了美国以往接待外宾的规格，可谓精心设计、史无前例。邓小平夫妇被安排在二楼总统包厢里，里面除了卡特夫妇，还有卡特 11 岁的女儿艾米。邓小平夫妇于当晚 9 时整到达现场，全场 2000 余名观众起立鼓掌。为了目睹邓小平的风采，楼下坐在后排的观众纷纷跑到前面。因此，邓小平和卡特在掌声中微笑着拉起手，高高举起，于是掌声更为响亮。当晚节目只有6个，但精彩隆重，不仅多位演艺界明星登台，而且报幕的都是社会名流，每人还要讲一段与中国接触的经历。演出长达一个多小时，压轴的最后一个节目是：美国全国儿童合唱团近200个孩子用中文齐声合唱《我爱北京天安门》。演出完毕后，邓小平夫妇在卡特夫妇陪同下上台与演出者握手，并向观众致意，卓琳始终牵着卡特女儿艾米的手。其间，邓小平弯腰轻吻参加合唱的小男孩的前额。这一刻，全场起立鼓掌，许多观众流下热泪。邓小平还向观众发表了简短讲话，他说："艺术是使各国人民增进了解、消除隔阂的最好的办法。"当晚的演出，美国三大电视台同时向全美直播，中国中央电视台也越洋向全国转播，被誉为全世界观众最多的一次表演。邓小平的温情举动，也因此流传甚广，传为佳话。卡特在当天的日记中写道："看来，邓及其夫人是真心喜爱人民的，他确实轰动了出席晚会和观看电视的广大观众。"

而那顶牛仔帽，故事发生在休斯敦。在休斯敦郊蒙巴顿的环形竞技场，现场2000多名观众对邓小平的出现报以热烈掌声。在浓郁地方特色的马技表演开始前，两位骑白马的女牛仔将两顶白色牛仔帽赠给邓小平和卓琳，二人当即很高兴地戴在头上。这时，场中出现一辆仿古马车，主持人邀请邓小平乘坐。邓小平爽快地从贵宾席走出，登上马车，开始绕场而行，邓小平在车上向热情的观众不断挥手致意。他与众同乐的洒脱，令观众称赞不已。当地媒体报道，当晚的场面，像四年一次的总统大选一样热闹。令人意想不到的是，因为邓小平戴上了美国牛仔帽，场外做牛仔帽生意的商店顿时兴隆起来，很快被抢购一空，价格也直线上涨，一顶高达30美元还是供不应求。第二天，邓小平头戴牛仔帽的大幅照片和电视镜头就通过美国各大新闻媒体，传遍了整个世界，成为一大新闻。

1月28日到2月5日，邓小平对美国进行了为期9天的访问。他争分夺秒、不知疲倦地走访各地，同各界人士广泛接触交流。访美9天，他出席了近80场会谈、会见等活动，参加了约20场宴请或招待会，发表了22次正式讲话，并8次会见记者或出席记者招待会。美国人民第一次近距离领略了新中国领导人的风采，将其称作"邓小平旋风"。邓小平所到之处，都受到热烈欢迎，他的战略家风度和政治家魅力深深吸引了美国人民。卡特说："邓小平的来访是我当总统期间的愉快经历之一。"

邓小平踏上美国土地那一刻，他已经改变了世界格局。同时，通过访美之行，邓小平进一步了解了世界现代化建设的实际情况，大大丰富了其改革开放的设计蓝图。美国东西方中心主席迈克尔·奥克森伯格在1977年至1989年间曾14次与邓小平会晤，并帮助安排了邓小平1979年的美国之行。在他撰写的《回忆邓小平》一文中这样写道：在我写这篇文章时，我的脑子里出现了他的身影：在休斯敦圈牛的围场上，他乘上公共马车，手里拿着牛仔帽……

（文／周锟）

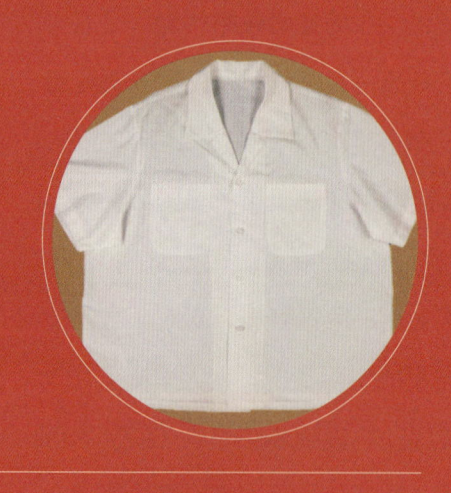

见证中国旅游业发展的白衬衫

邓小平穿过的"的确良"白衬衫。

白衬衫

    在邓小平的众多遗物中有一件极为普通的短袖白衬衫，这件"的确良"白衬衫是当时中国最有代表性的款式：衣领服帖，料子挺括，前襟上有两个兜。这是邓小平最日常的穿着，它曾伴随着邓小平走过了祖国的千山万水。

    1979年7月，邓小平穿着这件白衬衫来黄山休假。刚从"文化大革命"十年浩劫中走出来的中国，百废待举，百业待兴。此时，中国尚未真正探索出一条适合自身实际情况的现代化道路，极左思潮仍然有着很大的影响，经济还在徘徊中缓步前行。这位75岁的老人是带着问题和思考来黄山的，如何贯彻落实十一届三中全会的精神，实现工作重点的转移，加快发展，使有条件的地区和一部分人先富起来。而黄山之行，正是一个借鉴国外成功经验、发展旅游事业的契机。

1978年，中国放宽入境旅游的门槛，来中国旅游的外国人数呈现出井喷的增长趋势。截至年底，中国入境游客达到了180万人次，是前20年入境旅游人数的总和。然而，此时的中国尚未形成真正意义上的旅游产业，基础设施不完善，从业人员思想陈旧，问题不断涌现。服务跟不上，酒店不够住，经常出现客人到了景点却没有床位的现象。有一些华侨归国探亲旅游，风趣地形容中国旅游业起步的窘状：桂林山水甲天下，我来桂林睡地下。

针对旅游业作为第三产业投入少、见效快的特点和我国现代化建设资金紧缺、就业压力大的实际状况，邓小平高瞻远瞩，提出把旅游业作为改革开放的先头产业进行发展。

1978年10月，在中美建交前夕，邓小平会见美国泛美航空公司董事长威廉·西威尔时提出，"民航、旅游这两个行业很值得搞"。这是邓小平第一次在公开场合将旅游当作一个产业正式提出。此前，人们对于旅游的认识还局限在接待外宾的范围内，旅游不是单独的产业，而是属于外事工作。因此，尽管1978年中国入境旅游人数高达180万人次，旅游业仍是一个赔钱的行业。国家每年拨出大量专项资金，仅能勉强维持收支平衡。在这次谈话中，邓小平提出，我们要通过旅游"同外国人做生意，要好好算算账"。邓小平亲自掰着指头和旅游局的负责人算了一笔账：一年1000万，一人花1000美元的话，那就是100亿。就算一半吧，那也有50亿。这样子搞个十年八年，我们经济发展就能够更加快、更加好。

随着改革开放的深入进行，邓小平对于旅游业发展的思路逐渐清晰起来。1979年1月2日，就在中美宣布建交的第二天，邓小平同国家旅游总局负责人谈话，提出：搞旅游业要千方百计地增加收入，既然搞这个行业，就要看看怎样有利可图。四天后，他在同国务院负责人的谈话中再次提出：旅游事业大有文章可做，要突出地搞，加快地搞。旅游赚钱多，来得快，没有还不起外债的问题，为什么不能大搞呢？1月17日，他又和工商界负责人进行了一次关于旅游的谈话，再次指出：要多想些办法，千方百计选择收效快的来搞，不要头脑僵化。这半个月里的三次谈话，为中国旅游业确定了发展方向和目标。在这三次谈话中，邓小平为旅游业制定了目标——要求在20世纪末实现创汇100亿美元，并对旅游行业发展的方向提出要求——要求旅游业变成一个综合性的产业，并和城市、地区建设结合起来，带动当地经济的发展。

在这样开放的态度下，中国的旅游行业逐步进入正轨。邓小平决定亲自去景区考察一番，他选择了黄山。

1979年7月，邓小平穿着他日常的这件白衬衫，和家人一行出发前往黄山。海拔1800多米的黄山，对年轻游客来说是锻炼身体，但对于古稀老人，却可能会成为可望不可即的奢求。然而，邓小平毅然选择不乘坐滑竿，全程自己爬上山，邓小平不仅仅是在测试自己的身体，他还要亲身体验一下黄山旅游事业的发展情况。

邓小平一行第一天到达黄山的半山腰，夜里住进玉屏楼宾馆。玉屏楼宾馆是当时黄山上仅有的三家宾馆之一，此前只是用来接待贵宾，1978年随着游客的增多，也逐步放开面向普通游客。仅两层楼的玉屏楼宾馆房间十分有限，一楼仅有6间房，二楼也只有12间房。一旦游客增多，便勉强安排在临时搭建的房间里，其实游客并不多，实在是住的地方太少。

大女儿邓林当年也一起跟着父亲登山，提起当时条件的简陋，邓林描述得颇为生动：

为了干净，把楼道都冲了，我们一进去就水积积的。走廊都潮潮的。那时候条件很差，灯光很暗。就是游客住的那些房间，不过就是略微打扫了一下，床单换了换。床单一看是挺干净的，一打开床单一看那里头，褥子黑黑的。

在这样的条件下，邓小平分别在黄山上的玉屏楼、北海宾馆住了三个夜晚。通过黄山一行的摸底工作，邓小平已经做到了心中有数。

三天后，在黄山山脚下的观瀑楼，一身疲惫却又兴奋不已的邓小平在这里召集了安徽省委和徽州地委的负责人，做了一次现场办公，对旅游业的发展进行座谈，也就是后来被称作中国旅游产业奠基之作的"黄山谈话"。将近两个小时的谈话，没有什么惊人的语言，但却向人们传达出他发展中国旅游业的大思路，也从侧面折射出他改革开放的大思路。

在这次谈话中，邓小平提出"要有点雄心壮志，把黄山旅游的牌子打出去"，十分具体地解答了中国旅游业发展面临的理论问题和现实问题，重申了旅游行业发展的目标——在20世纪末实现旅游创汇100亿美元，还在具体的细节上提出了改进的方法和要求："旅社建设要搞得古色古香，将来要装冷风机。宾馆要设小卖部。你们的祁红、绿茶世界有名，可以搞小包装，一两、二两的。包装一定要很漂亮。外国人不是为喝茶，是当纪念品，带回去送人，表示他到过黄山了不起。安徽的纸、墨、笔、砚，也要搞好包装，赚外汇。还要搞些好的黄山风景照片、画册，搞一套黄山风景明信片，让游客买去做纪念。小卖部卖这些特产，定出国际价格，大有买卖可做。"今天这些做法我们司空见惯，然而在当时人们完全没有这样的意识，邓小平却以小见大，想得很多，设计得很细。

黄山之行后，邓小平又陆续去了崂山、峨眉山、苏州、桂林、三峡等风景名胜。在这些地方，他依旧是以发展旅游经济为重，不断地提出新的要求。在崂山，他提出要树立起崂山品牌；在峨眉山，他将这里定义为一个文化型的风景区，要求综合开发；而在桂林和三峡，他则提出要保护环境、治理污染。一位老人盼望国家复兴强盛的急切之情溢于言表。

此后，全国旅游业加速发展，从上至下迅速推进。1996年底，邓小平在改革开放之初为中国旅游业定下的目标——在20世纪末实现创汇100亿美元的要求提前完成。在旅游业的示范带动下，我国改革开放事业也迅速打开了思路、拓宽了视野，引进国外资金、技术、管理，改革体制，更新观念，取得了举世瞩目的辉煌成就。

而那件曾经伴随邓小平登黄山、峨眉山，游览苏州、三峡的白衬衫，如今被收藏在四川广安邓小平故居陈列馆里。它曾历经中国旅游业的艰难起步、迅速发展，而今，它也成了人文旅游景点的一部分，继续见证着中国旅游业的辉煌。

（文／孔昕）

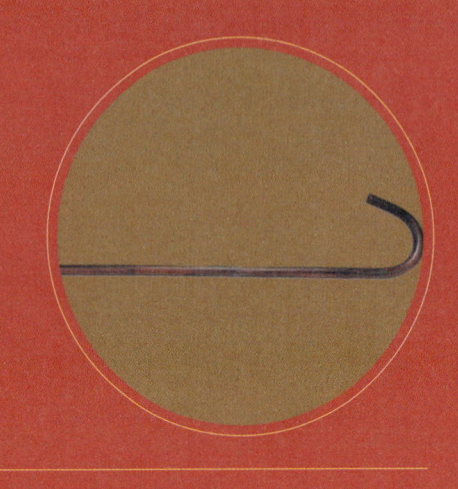

视察峨眉山时拄过的拐杖

邓小平视察峨眉山时用过的拐杖。

这根拐杖,是 1980 年邓小平视察峨眉山时拄着的,也是他走近老百姓、完全融入群众之中的真实写照。

1980 年 7 月初,邓小平到四川视察。盛夏的川蜀大地,烈日炎炎,他拄着这根拐杖赴峨眉山参观考察。当时峨眉山管理处的工作人员为了确保邓小平的安全准备封山,邓小平知道后,坚决不同意。他说:"我们也是游客,人家也是游客,大路朝天,各走半边,不要因为我来了就把游客挡在外边。"就这样邓小平一边攀登峨眉山,一边与四周的游客亲切交谈,询问他们的生产生活情况。

那时候,峨眉山的路还都是土路。有时一下雨,路上就会坑坑洼洼的,邓小平毫不在意。他穿着布鞋,将裤管挽得高高的,穿着短袖白衬衣,也不戴草帽,顶着太阳,拄着拐杖,径直向"白水秋风"的万年寺健步攀登。邓小平额头上冒出了汗珠,大家一再劝他歇歇再走,但他语气坚定地说:"要登山不止嘛!"于是,又继续向前走。途中遇到上下山的游客,邓小平总是叫随行人员靠路边站,让游客先行。他主动与游客打招呼,挥手问好。有游客认出邓小平,邓小平便欢笑着与他们握手问好。

半山腰时,邓小平一行人碰到路边有一位进香的农村老太太坐在石头上休息。邓小平就很自然地操着"川普"问道:"老人家,离万年寺还有多远?"老太太没认出眼前这位就是邓小平,漫不经心地说:"不远了,就在前面。"邓小平爽朗地说,好!他又问道:"老人家,你好大年纪了?""77岁,我属龙的。"阿婆摇着芭蕉扇慢慢地说道。邓小平说:"哦,那咱们是老庚(同岁)噢。"在场的人听了都笑了。老人惊奇地看着一行人,说:你们是参观峨眉山的吧?我是登山到万年寺烧香拜佛的。邓小平对老人说:你身体好,登山上香拜佛,既虔诚又锻炼身体,你会健康长寿的。老人听了哈哈笑了。邓小平没再说什么,摆了摆手,继续向前走去。一队人走过,老太太发觉不同寻常,她很快知道了刚才问话的就是邓小平。老人家追上去,赶到给老百姓带来富裕的邓小平面前就要下跪,工作人员赶快扶住她。邓小平用他特有的幽默说:"又不是要拜菩萨。"

继续登山时,迎面来了几位下山的游客,其中一人认出了邓小平,大家都跑过来高兴地问候:您好!想不到您老人家也来游峨眉山啦。邓小平非常愉快地与他们握手问好,说:你们是从哪里来的游客?一位戴眼镜的游客高兴地回答道:我们是四川林学院的大学生。邓小平关心地问:你们习惯在山里工作的艰苦生活吗?另一位回答说:我们热爱大自然、林业,决心在山上搞一辈子林业研究。邓小平赞扬地对他们说：大自然是不寻常的课堂，也是一本永远读不完的书。大家听了感动地热烈鼓掌并说：祝您老人家身体健康。同学们不舍得离去，邓小平再一次亲切地与他们一一握手告别。

这天晚上邓小平住进了万年寺，洗漱完毕后，邓小平吩咐随行工作人员检查一下其他游客的吃住问题，交代千万不能因为他把游客赶走。当得知上山的300多名游客都吃了面条、租了凉席睡下后，邓小平才放下心来。

从峨眉山下来后，邓小平还参观了成都市郊农村沼气利用情况。"天府之国"的成都平原，千里平畴，土肥水美，温暖潮湿，物产丰富。可是燃料匮乏，困扰民生。千里贩煤，两煤斤米；树叶竹枝，不济什一。新中国成立后，四川省政府千方百计解决成都平原农村燃料问题。1973年以后，开始在农村普遍进行沼气开发利用，推广沼气池及炉具、灯具。成都平原农村的沼气建设逐渐发展起来。成都平原沼气建设的成就引起了邓小平的兴趣。1980年7月10日，在时任四川省委书记杨超的陪同下，他视察了成都市郊的农村沼气建设。当邓小平迈着矫健的步伐来到社员中间时，人们欢呼起来："邓副主席来了！邓副主席来了！"大家迅速围拢过来，热烈地鼓掌。邓小平满面笑容，一次次向大家招手问好。他先是参观了生产队的沼气动力房，然后又兴致勃勃地来到社员吴绍清家中参观。当看到宽敞明亮的厨房里，柴煤灶改成了沼气灶，厨房里没有堆放柴草、煤炭，也没有了农村厨房常有的烟尘油垢，邓小平高兴地说："火也变了，锅也变了，干净了，卫生了，沼气把过去的土锅土灶都改掉了。"他问吴绍清道："烧一锅开水要多长时间？""可能半个钟头吧。"邓小平又问："能不能炒菜？""能。"邓小平突然又很风趣地问："能炒腰花不？"意在火力大不大。"……少量的也能炒。"吴绍清答道。邓小平高兴地笑了，大家都笑了。吴绍清又点燃沼气灯让邓小平看，邓小平说："沼气灯和电灯一样亮，沼气的灯具、灶具，你们社队列企业可以生产嘛。沼气化可以带动社队企的发展。"

峨眉山之行是邓小平深入实践、深入群众的一次考察。他总是这样善于倾听民声、与民同乐，人民也怀念这位勤俭节约、平易近人的伟人。

（文／王达阳）

中国共产党中央委员会
关于建国以来党的
若干历史问题的决议

《关于建国以来党的
若干历史问题的决议》

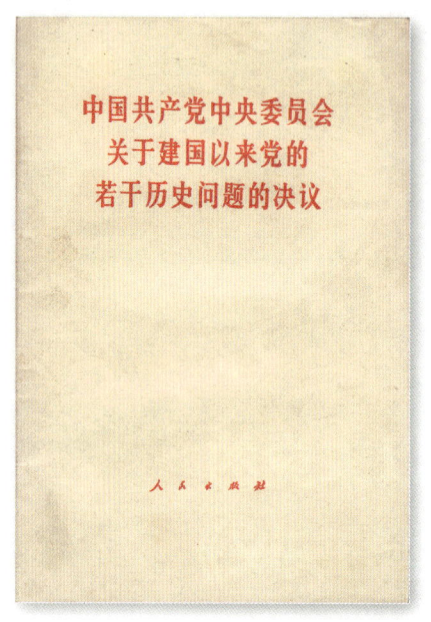

1981年6月27日人民出版社印刷的《中国共产党中央委员会关于建国以来党的若干历史问题的决议》单行本。

"文化大革命"结束后,如何实事求是地评价毛泽东和毛泽东思想,成为摆在全党全社会面前的一个重大课题。在这种情况下,邓小平以巨大的政治勇气和卓越的政治智慧,带领全党作出《关于建国以来党的若干历史问题的决议》,实事求是地总结了党的历史,顶住了否定毛泽东和毛泽东思想的错误思潮,维护了毛泽东的历史地位,肯定了毛泽东思想的指导作用,为党和国家发展确定了正确方向。

粉碎"四人帮"后,广大干部群众从过去一个时期内盛行的个人崇拜和教条主义的精神枷锁中解脱出来，党内外思想日益活跃。但与此同时，党内外也出现了两种错误倾向：一种是始终坚持"两个凡是"的错误，攻击中央在党的十一届三中全会以来实行的一系列路线方针政策；另一种是曲解"解放思想"的口号，极端夸大党所犯的错误和发生的失误，企图否定党的领导，否定社会主义制度，否定毛泽东和毛泽东思想。这两种情况若任其发展，势必搞乱人们的思想，给党和国家事业造成严重后果。1977年4月，"两个凡是"的方针提出不久，邓小平立即致信党中央，提出我们要世世代代用完整的准确的毛泽东思想来指导我们全党全军和全国各族人民。此后，邓小平又在各种不同场合，表达了他对科学评价毛泽东的态度："毛泽东思想过去是中国革命的旗帜，今后将永远是中国社会主义事业和反霸权主义事业的旗帜，我们将永远高举毛泽东思想的旗帜前进。""毛泽东同任何人一样，也有他的缺点和错误。在分析他缺点和错误的时候，我们当然要承认个人的责任，但是更重要的是要分析历史的复杂的背景。只有这样，我们才是公正地、科学地，也就是马克思主义地对待历史、对待历史人物。"

1979年，随着形势的发展，邓小平等中央领导愈发感到，用党的决议的形式，对"文化大革命"、毛泽东的历史地位、毛泽东思想的指导作用等重大问题作出正式结论，从而从根本上纠正"左"的和右的错误倾向，把全党和全国人民的思想统一到党的十一届三中全会的路线上来，团结一致向前看，极端重要和紧迫。邓小平指出，应该"拿出一个东西来"，"不能再晚了，晚了不利"。1979年11月，党中央正式成立《关于建国以来党的若干历史问题的决议》起草小组。

《决议》的起草是这一时期邓小平集中抓的一项主要工作。从1979年11月开始，到1981年6月《决议》完成，在决议起草一年多的时间里，邓小平先后同起草工作小组的胡乔木、邓力群等人进行过十六七次的谈话，他关注的核心问题就是如何科学评价毛泽东的历史地位和毛泽东思想。

1980年3月,邓小平提出了起草历史决议的三条总的要求,其中第一条就是确立毛泽东的历史地位,坚持和发展毛泽东思想。他强调,"这是最核心的一条"。

为了使《决议》能达到确立毛泽东的历史地位、坚持和发展毛泽东思想的要求,邓小平不厌其烦,一再在各种场合阐述发挥,强调要高举毛泽东思想的旗帜。他指出,要正确地评价毛泽东思想,科学地确立毛泽东思想的指导地位,就要把毛泽东思想的主要内容,特别是今后还要继续贯彻执行的内容,用比较概括的语言写出来。他一再强调:"决议中最核心、最根本的问题,还是坚持和发展毛泽东思想。"

同时,邓小平也提出要实事求是评价毛泽东的功过,对毛泽东的错误,"一定要毫不含糊地进行批评"。他说:"我们共产党人是彻底的唯物主义者,只能实事求是地肯定应当肯定的东西,否定应当否定的东西。毛泽东同志在他的一生中,为我们的党、国家和人民建立了不朽的功勋。他的功绩是第一位的,他的错误是第二位的。因为他的功绩而讳言他的错误,这不是唯物主义的态度。因为他的错误而否定他的功绩,同样不是唯物主义的态度。"

在邓小平的指导下,《决议》写作坚持实事求是的原则,既肯定功绩,也不掩盖错误。《决议》讨论稿写出后,中央决定将其下发到各省、市、自治区4000名高级干部讨论。在讨论中,争论的焦点之一,仍然是对毛泽东和毛泽东思想的评价问题。大多数同志对草稿中历史地、科学地评价毛泽东和"文化大革命",对肯定毛泽东思想,表示赞同,但也有些同志提出了不同意见,甚至出现了一些偏颇甚至极端地贬低或否定毛泽东和毛泽东思想的言论,有的老干部还写信提出"不提毛泽东思想"。

邓小平看了有关讨论意见的简报,他首先肯定大家"畅所欲言众说纷纭,有些意见很好"。但是对于讨论中提出的错误意见以及存在的思想混乱,邓小平坚决顶住,并对那些否定毛泽东和毛泽东思想的错误言论进行理直气壮的批驳。1980年10月25日,邓小平召集起草组谈话,强调要实事求是地评价毛泽东的功过,肯定并且继续坚持毛泽东思想,在这个问题上不能让步。他明确提出:"关于毛泽东同志功过的评价和毛泽东思想,写不写、怎么写,的确是个非常重要的问题。""不提毛泽东思想,对毛泽东同志的功过评价不恰当,老工人通不过,土改时候的贫下中农通不过,同他们相联系的一大批干部也通不过。毛泽东思想这个旗帜丢不得。丢掉了这个旗帜,实际上就否定了我们党的光辉历史。""对毛泽东同志的评价,对毛泽东思想的阐述,不是仅仅涉及毛泽东同志个人的问题,这同我们党、我们国家的整个历史是分不开的。要看到这个全局。这是我们从决议起草工作开始的时候就反复强调的。"①

针对有人提出决议稿中不要专门写毛泽东思想的部分,邓小平坚定指出,写毛泽东思想的部分,这一部分不能不要,这不只是个理论问题,它还是个政治问题,是国际国内的很大的政治问题。如果不写或写不好这个部分,整个决议都不如不做。讨论过程中,有些同志把许多问题都归结到毛泽东的个人品质上,邓小平认为这是不对的。他指出:"对于错误,包括毛泽东同志的错误,一定要毫不含糊地进行批评,但是一定要实事求是,分析各种不同的情况,不能把所有的问题都归结到个人品质上。毛泽东同志不是孤立的人,他直到去世,一直是我们党的领袖。对于毛泽东同志的错误,不能写过头。写过头,给毛泽东同志抹黑,也就是给我们党、我们国家抹黑。这是违背历史事实的。"②

这是一次在《决议》起草最重大问题上的关键谈话,邓小平以政治家特

---

① 《邓小平文选》第二卷,人民出版社1994年版,第298—299页。
② 《邓小平文选》第二卷,人民出版社1994年版,第301—302页。

有的智慧和坚定，为《决议》起草锚定了正确的航向。

最终，起草组在《决议》写作中坚持"把毛主席晚年的这些思想上行动上的错误同毛泽东思想加以区别，加以对照。对毛泽东思想加以肯定，对毛泽东晚年的错误的理论和实践加以批判"，成功解决了如何准确评价毛泽东和毛泽东思想这一难题。

1981年6月22日，党的十一届六中全会举行预备会议，其间邓小平谈了他对基本成形的决议稿的看法。他指出："总的来说，这个决议是个好决议，现在这个稿子是个好稿子。我们原来设想，这个决议要举毛泽东思想的伟大旗帜，实事求是地、恰如其分地评价'文化大革命'，评价毛泽东同志的功过是非，使这个决议起到像1945年那次历史决议所起的作用，就是总结经验，统一思想，团结一致向前看。我想，现在这个稿子能够实现这样的要求。"

1981年6月27日至29日，党的十一届六中全会在北京人民大会堂举行。会议审议通过了《关于建国以来党的若干历史问题的决议》。

《决议》在对党领导新民主主义革命的28年历史进行简要回顾、对新中国成立以来党的32年历史作出基本估计的基础上，从根本上否定了"文化大革命"和"无产阶级专政下继续革命"的错误理论，对一些重大历史事件和重要历史人物作出了实事求是的评价，科学总结了新中国成立以来社会主义革命和建设的历史经验。

《决议》实事求是评价毛泽东的历史地位，充分肯定毛泽东思想作为党的指导思想的伟大意义，指出毛泽东的功绩是第一位的，错误是第二位的，并对毛泽东思想多方面的内容及活的灵魂即贯穿于它的各个组成部分的立场观点方法——实事求是、群众路线、独立自主作了系统阐述和概括，强调毛泽东思想是马克思列宁主义普遍原理和中国革命具体实践相结合的产物，"是我们党的宝贵的精神财富，它将长期指导我们的行动"。

《关于建国以来党的若干历史问题的决议》的面世,标志着党在指导思想上的拨乱反正的胜利完成。正如邓小平在党的十一届六中全会闭幕会上所说的那样:"关于建国以来党的若干历史问题的决议,真正是达到了我们原来的要求。这对我们统一党内的思想,有很重要的作用。""相信这个决议能够经得住历史考验"。

(文 / 叶帆子)

红旗牌检阅车

1981年邓小平在华北检阅军事演习部队时乘坐过的红旗牌轿车及车牌。

"红旗"二字，在中国人的心中已经远远超出轿车品牌的含义。在1949年10月1日举行的开国大典上，朱德总司令乘坐缴获而来的汽车检阅了部队。彼时的中国百废待兴，尚不能自主生产汽车。因此，乘坐国产汽车检阅部队，成为共和国开创者们的共同梦想。1958年8月，在第一汽车制造厂的努力下，红旗牌轿车试制成功。同年9月19日，邓小平、李富春等中央领导参观了这款汽车，共同见证了红旗牌轿车的诞生。1959年国庆节，红旗牌轿车作为检阅车登上了历史舞台。红旗牌检阅车作为中国国力崛起的一个标志，令国人引以为傲。

然而，也就是从 1959 年开始，中国军队和国防建设开始进入一个长期曲折的历史阶段。由于国际国内形势的变化，特别是"文化大革命"的负面影响，军队建设遭遇严重挫折。在随后的 22 年里，中国再没有进行过大规模的阅兵行动。

1977 年重新恢复中央军委工作的邓小平，一直在考虑中国人民解放军的建设问题。当时，中国边境安全问题日益突出。美苏两个超级大国争霸世界的斗争愈演愈烈，霸权主义威胁着热爱和平的中国人民。做好反侵略的战争准备，是人民解放军面临的最紧迫的任务。

面对新的形势发展，是否要继续坚持原"积极防御、诱敌深入"的军事战略方针，在军内产生了一些不同意见和思想困惑。针对这一迫切问题，一场代号为"801"的军事会议于 1980 年 9 月 17 日在北京京西宾馆召开，军中的大批精英到会参与讨论。然而，原有的战略方针确实有着一些"神圣性"，现在要对它进行讨论，在精神上确实很有冲击力。将领们对战略方针的讨论进行得很激烈，主要有三种不同的主张：一种是积极防御；一种是积极防御，持久作战；最后一种是维持原来的提法。即便在休会用餐时间，将领们关于战略方针的讨论声都不曾停歇，这成为"801"会议中一道奇特的景象。

1980 年 9 月 30 日，中国人民解放军总参谋部的同志到邓小平的住处汇报会议的进展情况，希望邓小平能到会场作指示。邓小平当即明确表态，他要去讲讲！10 月 15 日，邓小平来到会场。对新时期的战略方针，他明确表态："我赞成就是'积极防御'四个字。"会上，邓小平对自己的观点作了解释。积极防御不仅仅强调防御，它讲究的是防御中有进攻。同时，既然是积极防御，这也就要求军队做好持久作战的准备。明确"积极防御"的战略方针，为我军面对可能的防卫作战作出了指导，在国防和军队建设事业中发挥了重要的作用。

作为曾经指挥千军万马鏖战沙场的军事家，邓小平深知训练对于一支处在和平环境军队的重要性。在"801"会议上，邓小平认为我军应该以一两个集团军作为基础，可以进行合成军的训练，在训练中学习现代化作战的知识。这样，举行一次实兵演习的目标被邓小平提上议程。

经过我军的积极谋划，演习的时间最终确定在1981年秋季，地点选定在张家口，演习同"801"会议一样秘密进行，行动代号为"802"，也称"802"会议。在策划"802"会议的过程中，关于演习规模大小的难题摆在了功勋卓著的将领们面前。

1981年，在国际上可以称作"军事演习年"，世界各国的军事演习不断。中国的军事演习一旦举行，是否会引起国际震动，成为诱发战争的因素呢？中国的改革开放刚刚起步，许多关系到国家百年大计的行业和项目也都在等待政府扶持。如果演习规模搞大了，必然需要大量人力物力作为支持；规模搞小了，演习的效果又难实现。

最后，军队拿出了大、中、小三份演习方案，希望邓小平作最后的决策。参加规划演习的许多人猜测，邓小平可能会选定第二方案。因为从中国人的性格来说，中庸总是比较习惯的选择。1981年3月10日，解放军总参谋长杨得志和副总参谋长张震怀着忐忑不安的心情前往邓小平的住地。听完汇报，邓小平斩钉截铁地做出了判断：就按第一方案下决心搞一次，要搞，搞合成军，要有地面部队，还有空军协同。不怕动用部队、不怕动用储备，邓小平的态度异常坚定。最终，邓小平在他们带去的请示信上明确批示："同意第一方案，力求节约。"

1981年，在距离北京仅有200余公里的张家口，一场军事演习让许多窥探中国军事行动的国家绷紧了神经。这场扣人心弦的演习，是刚刚当选为中央军委主席的邓小平亲自领导的。9月14日上午9点30分，77岁的邓小平身着戎装出现在演习场，当这位久经沙场的军事家，再次走上战场时，激动的心情溢于言表。

1300多辆坦克、装甲车，1500余门火炮，285架飞机1000多次飞行，1万余辆汽车，10.5万人规模的演习部队，在30多万平方公里的演习场地，进行了4个科目、持续4天的演练。4天的观摩，邓小平一场不落，壮观的场面让他极为兴奋。眼前的场面怎能不令人高兴！装备着现代化武器并一眼望不尽的人民解放军陆海空军部队，英姿勃勃地接受检阅。战旗飘飘，军威雄壮！一列列阵型严整的海陆方队循序通过检阅台。雷霆呼啸，鹰击长空！一队队错落有致的飞行方队从阅兵场的上空盘旋飞过。在大演习的过程中，当演习的"红""蓝"双方将战况推演到高潮的时候，邓小平兴奋地说道："打得好！"

更让邓小平欣慰的是，这次演习正是围绕着新确立的"积极防御"战略方针所展开的，演习反映出我军对新的战略方针有了深入认识，并能够将战略方针落实到战斗层面中去。

完成演习预定科目后，我军部队在张家口机场整装待发，等待邓小平的检阅。邓小平精神抖擞地站立于红旗牌检阅车上检阅部队并发表重要讲话："我军是人民民主专政的坚强柱石，肩负着保卫社会主义祖国、保卫四化建设的光荣使命。因此，必须把我军建设成为一支强大的现代化、正规化的革命军队。"邓小平确立了新时期革命化、现代化、正规化的军队建设总目标，是军委主席邓小平的雄心壮志！这也是中国人民解放军的雄心壮志！

"802"会议结束后，出现在庆功晚宴上的邓小平，依然十分高兴。在晚宴中，邓小平对敬酒的将领们来者不拒。豪饮对于邓小平而言，并不常见。即便是几十年后，邓小平的女儿毛毛（邓榕）仍然对当天晚上的情景记忆犹新：华北阅兵结束以后，父亲破例在庆功宴上允许喝酒。在宴会中，将军们抓住机会纷纷上来向我父亲敬酒。我父亲来者不拒，大家一来敬酒他端起杯子来就喝。我们担心父亲喝太多酒,就上去挡驾。后来父亲说:"你们就在那儿吧,我自己喝!"

"802"会议后,为增强现代化条件下的作战能力,中国人民解放军在陆海空三军的建设上,都有大动作。陆军方面,着手组建陆军集团军,同时开始对不适应现代化作战要求的铁道兵和基建工程兵进行裁减;空军方面,在编制中出现了陆军航空兵等新的兵种,空军的整体装备也得到了改善;海军方面,则开始加强海军大型舰艇部队的建设。中国人民解放军朝着建设一支强大的现代化、正规化革命军队的目标迅速迈进。

(文/王桢)

编号 00

中央顾问委员会一中全

出 席 证

中央顾问委员会第一次全体会议出席证

1982年邓小平参加中央顾问委员会一中全会的出席证。

中央顾问委员会（以下简称"中顾委"）设立于1982年党的十二大，取消于1992年党的十四大，历时十年。邓小平是设立中顾委的发起者，同时也是取消中顾委的倡导者。中顾委的设立从实际出发，从党和国家的长远利益出发，为党培养一批优秀的中青年干部，为打开社会主义现代化新局面发挥巨大作用。

邓小平提出设顾问最早是从军队开始的。1975年7月，在中央军委扩大会议上邓小平谈了这一设想，提出："设顾问是一个新事物，是我们军队现在状况下提出的一个好办法。设顾问,第一关是谁当顾问;第二关是当了顾问怎么办。""顾问也有权,就是建议权。"后来由于邓小平再次被打倒,设顾问的问题也就被搁置了。

"文化大革命"结束后,邓小平第三次复出,又是出于什么考虑,要设立中顾委呢?

邓小平指出:"各级党政领导班子、各行各业领导班子都存在老化的问题,这是我们中国最特殊的问题。"他为何如此忧心呢?原来"文化大革命"结束后,一大批老干部恢复了工作和职务,他们夜以继日,努力工作,但不得不承认年事已高,体力精力跟不上,不少人也已经不具备社会主义现代化建设所需要的知识结构。很快就出现了党政机关领导班子年龄偏大的突出问题。据统计,截至1982年机构改革前,国务院部委领导平均年龄63岁,省、自治区、直辖市党政领导班子平均年龄62岁,省部级领导中50岁以下的仅占15%。除了领导班子老化问题,还存在断层问题。"文化大革命"影响了一代人,在这种情况下,老的一下子丢开不管也不行,必须在离开前选好接班人,把他们放到岗位上加以培养。

出于对这些问题的考虑,1980年8月,邓小平在中央政治局扩大会议上创造性地提出了设立顾问委员会的建议。他说:"让比较年轻的同志走上第一线,老同志当好他们的参谋,支持他们的工作,这是保持党和政府正确领导的连续性、稳定性的重大战略措施。""中央已经设立了纪律检查委员会,正在考虑再设立一个顾问委员会(名称还可以再考虑),连同中央委员会,都由党的全国代表大会选举产生,并明确规定各自的任务和权限。""目前的主要任务,是善于发现、提拔以至大胆破格提拔中青年优秀干部。这是国家现代化建设事业客观存在的迫切需要。"邓小平以广阔的胸怀和高超的政治智慧,提出自己不再兼任副总理,由精力较强的同志担任。这样一来,就可以充分利用好大批原来在中央和国务院工作的老同志的经验,发挥他们的指导、监督和顾问作用。

同时，也便于使中央和国务院的人员更加精干，逐步实现年轻化。

对于邓小平的忧虑，陈云也有同感。1981年5月8日，陈云给中央写了一份建议，急切地提出："我们现在的干部，青黄不接的情况很严重。""必须成千上万地提拔中青年干部。要成千上万，几千，一万，两万。""我这里写还要提四十岁以下的干部。而且从总数上来说，比如提一万人，其中大多数，百分之七十以上，应该是四十岁左右、四十岁以下的人。"邓小平十分赞同陈云的建议，并且敏锐地感觉到根本症结是"老干部方面的问题还没有处理好"，如果要做好中青年干部的选拔工作，就必须妥善处理老干部的问题。

1981年7月2日，邓小平在中共省、市、自治区委员会书记座谈会上公开表扬了一位老同志是党内的开明人士。他称赞道："今天讲到一个刘澜波同志，我建议大家向他学习。他亲自出来讲话，推荐一位比较年轻的同志当部长。"刘澜波推荐的是谁呢？这还要追溯到1981年初，任电力部部长的刘澜波主动请求退居二线，并推荐年仅52岁的李鹏接任部长一职。李鹏曾留学苏联，回国后长期从事电力工作，是再适合不过的人选了。可刘澜波的提议第一次并没有得到组织部门的同意，为此他向陈云反映了情况。后来组织部门采纳了刘澜波的建议，李鹏的任命也获得全国人大常委会的通过。

邓小平真正考虑成熟并下定决心设立中顾委是在党的十二大召开前夕。此时，邓小平已经意识到，干部老化问题、中青年的培养问题，已经到了非解决不可的地步。1982年7月4日，邓小平在军委座谈会上谈到如何解决新老干部交替的矛盾问题时，吸收了聂荣臻提出的建议。他说："聂荣臻同志提出步子要稳当，我赞成。他有一个好意见，就是要结合，老的一下丢手不行。老的要结合中、青。"8月6日，邓小平在会见澳大利亚总理马尔科姆·弗雷泽时谈道："老同志也要有个'庙'。我们准备设立一个中央顾问委员会。"

1982年9月1日至11日召开的党的十二大审议和通过了《中国共产党章程》，正式决定并宣布在中央和省级设立顾问委员会，并规定了各自的性质和权限。关于中顾委的性质，党章明确规定"党的中央顾问委员会是中央委员会的政治上的助手和参谋"。关于中顾委委员的条件，党章也作出了规定："中央顾问委员会委员必须具有四十年以上的党龄，对党有过较大贡献，有较丰富的领导工作经验，在党内外有较高声望。"

9月13日，邓小平出席中顾委第一次全体会议，并发表重要讲话。邓小平就中顾委的性质、任务、工作方法、注意事项作了全面阐述。在会上，邓小平再次强调："中央顾问委员会是个新东西，是根据中国共产党的实际情况建立的，是解决党的中央领导机构新老交替的一种组织形式。目的是使中央委员会年轻化，同时让一些老同志在退出第一线之后继续发挥一定的作用。"同时，邓小平也指出："顾问委员会是一种过渡性质的组织形式。""可以设想，再经过10年，最多不要超过15年，取消这个顾问委员会。"

这张保留至今已有41年的邓小平的出席证，不禁让人们回忆起中央顾问委员会第一次全体会议召开时的场景。正如邓小平所说的那样："顾问委员会是个过渡，这个过渡是必要的，我们选择了史无前例的这种形式，切合我们党的实际。但是在这个过渡阶段，必须认真使干部队伍年轻化。"在选举产生的新一届348名中央委员和候补委员中，有112人年龄在55岁以下。其中最年轻的胡锦涛只有39岁，毕业于清华大学，时任甘肃省建委副主任。

新竹高于旧竹枝，全凭老干相扶持。据统计，自1982年底至1985年底，有120多万新中国成立前参加工作的老干部离休；在全国范围内共提拔中青年干部46.9万多人。

1992年10月9日，中顾委第九次全体会议在北京召开。全会讨论通过了中顾委的工作报告,提请党的十四大审议。10月18日,党的十四大批准了中顾委的报告,决定不再设立中顾委。报告中充分肯定了中顾委的重大作用,指出:"中央顾问委员会成立十年来,协助党中央为维护党的团结和社会稳定,推进改革开放和现代化建设,做了大量卓有成效的工作,为党、国家和人民建立了新的历史性功绩。"至此,由邓小平主持设立的中顾委,在经历两届后,光荣地完成了历史使命,退出了政治舞台。中顾委作为特定时期的历史产物,使一大批德才兼备的优秀中青年干部进入领导岗位,也充分体现了老一辈共产党人的赤胆忠心和站位格局,为保证党的事业继往开来、后继有人作出了重大贡献。

(文/苏歆)

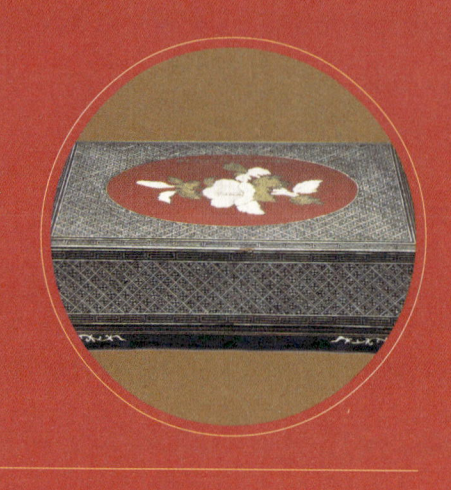

金达莱花饰书盒

金日成赠送给邓小平的金达莱花饰书盒。

邓小平一生中和许多国家领导人都有过政治交往,有的结下了深厚的情谊,金日成就是其中具有代表性的一位,可谓是邓小平的老朋友了。用邓小平的话讲:"我们之间相互了解是最深的。"

二人的首次会面还要追溯至1953年11月12日。这天下午3时整,一趟专列缓缓停靠北京车站,金日成身着黑色大衣,头戴礼帽,走出车厢,与前来迎接的周恩来、彭德怀、董必武、邓小平等一一握手。作为政务院副总理的邓小平直接参与接待金日成一行。从20世纪50年代邓小平调至

金达莱花饰书盒

中央工作以后，便与金日成有过多次交往，也曾先后多次访问过朝鲜。若论两人关系逐渐走向深入，还是在 1975 年 4 月金日成访问中国时。毛泽东指着当时主持中央工作的邓小平对金日成说：我不谈政治，由他来跟你谈了，此人叫邓小平，他会打仗，还会反修正主义……今后有事，你就找小平谈。这样，邓小平和金日成开始了第一次正式会谈。金日成回国后不久腰病突犯，邓小平得知后非常挂念，派出了国内最好的医生赴朝鲜为其治病。多年后金日成访华时还当面向邓小平致谢，两人的情谊愈加浓厚。

1982 年 9 月 1 日至 11 日，中国共产党召开了第十二次全国代表大会，大会的主题是：全面开创社会主义现代化建设的新局面。9 月 16 日，也就是大会刚刚闭幕不久，金日成乘坐专列到中国访问，此行来访的一个重要目的，就是来了解和学习中国社会主义现代化建设的经验。9 月 17 日上午，邓小平前往钓鱼台国宾馆看望金日成，两位老朋友见面热烈拥抱。随后邓小平简单扼要地向金日成介绍了十二大的情况。邓小平说："我们党的十二大开得很好，制定的所有方针政策都是对十一届三中全会方针政策的重申，也有新的东西。""十二大是把建设引向胜利。"

这一次访问，邓小平建议金日成去当时中国人口最多的四川看一看。金日成高兴地答应了。次日，两位老朋友坐上了开往直达四川的火车，在旅途中亲切交谈。邓小平讲道："十二大以后，我国政治形势更加稳定，可以更好地一心一意搞建设了。十二大提出的奋斗目标，是二十年翻两番。二十年是从 1981 年算起，到本世纪末。大体上分两步走，前十年打好基础，后十年高速发展。战略重点，一是农业，二是能源和交通，三是教育和科学。"

邓小平还介绍了中国共产党实现工作重点转移的问题。邓小平指出："我在东北三省到处说，要一心一意搞建设。国家这么大，这么穷，不努力发展生产，日子怎么过？""社会主义必须大力发展生产力，逐步消灭贫穷，不断提高人民的生活水平。否则，社会主义怎么能战胜资本主义？""不努力搞生产，经济如何发展？社会主义、共产主义的优越性如何体现？""因此，我强调提出，要迅速地坚决地把工作重点转移到经济建设上来。十一届三中全会解决了这个问题，这是一个重要的转折。"

9月19日晚，专列抵达成都车站，四川省委书记谭启龙、省长鲁大东、副书记杨汝岱等到车站迎接。二人一下车就与四川省领导一一热情握手互相问好，随后下榻成都金牛宾馆。9月20日上午，由谭启龙、鲁大东陪同邓小平和金日成参观了四川峨眉机械厂，随后又游览了杜甫草堂。下午，一行人参观了都江堰水利工程，在堤坝上察看周围的地理环境。邓小平介绍说：都江堰水利工程是世界上独一无二的创举，无坝引水、自流、灌溉，使堤防、分水、泄洪、排沙、控流相互依存，保证了防洪、灌溉、水运和社会用水。金日成赞叹道：这个水利工程值得一看，两千多年前修建的，至今仍发挥着作用，真是奇迹。一天的行程，金日成接连不断地感叹：四川是个好地方，无愧是"天府之国"。

邓小平曾在1980年视察过成都，当时农村沼气开发建设和利用给邓小平留下了深刻印象。借此机会，邓小平也想让老朋友参观感受一下中国农村和农民开发利用沼气后生活出现的新气象。于是9月21日上午，邓小平陪同金日成来到成都市郊双流县参观农村沼气的生产和使用。二人首先来到白家公社顾风大队第二生产队队长家中，观看了使用沼气的灶具。在沼气灯点亮后，金日成赞叹道："这个东西很好！"邓小平说："这东西很简单，可解决了农村的大问题。光四川省，每年就可以节省煤炭600多万吨。"随后二人来到沼气池旁，邓小平饶有兴趣地向金日成介绍：沼气能煮饭，还能照明、发电，又能改善环境卫生，提高肥效。金日成高兴地说："这个很好。我们朝鲜有条件，有人粪、牛粪，还有草，我们也可以搞。"还询问了沼气池的造价。在离开时，金日成激动地说："看到了你们很好的宝贝，谢谢你们的经验。我们农村要好好推广。"

为了让金日成更加充分地观赏中国名胜古迹，领略中国传统文化的魅力，当日邓小平陪同金日成乘车到武侯祠游览。进祠时邓小平主动提出：我给金主席当解说。邓小平一边看一边讲，详细地介绍了武侯祠的文化渊源和情况。

下午，成都市各界人民为欢迎金日成主席举行了隆重的欢迎大会。金日成发表了热情洋溢的讲话。他除了对邓小平在百忙之中，专程陪其来成都参观访问表示深切谢意之外，还说："我们认为中国共产党从中国的实际出发进行社会主义现代化建设，根据中国的实际情况，依靠中国人民自己的力量进行一切工作，是完全符合革命发展的，合乎规律的要求和符合人民利益的正确的决策。"邓小平在讲话中高度赞扬金日成领导朝鲜几十年来取得的伟大胜利和光辉成就。邓小平说："中朝关系不同一般，它有着悠久的传统，深深扎根于两国人民的心坎。""我们深信，金日成主席的这次访问，将为进一步加强和发展两党、两国的关系作出新的贡献。"

此次参观，金日成收获颇多，特意为邓小平准备了一份特殊的礼物——用金达莱花装饰的书盒。金达莱花是朝鲜的国花，象征着长久的繁荣和幸福，代表着坚贞顽强的民族精神。作为亲密的战友和同志，这一精美别致的礼物饱含着两位党和国家领导人长达40多载的革命友谊，印证了中朝人民之间结下的深厚情谊，也预示着中朝两国关系更加牢固的美好未来。

（文/苏歆）

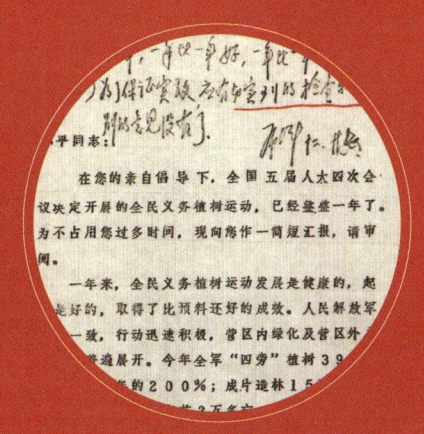

在林业部关于开展全民义务植树运动情况报告上的批示

1982年邓小平在林业部关于开展全民义务植树运动情况报告上的批示。

《邓小平文选》第三卷作为邓小平的"政治交代",只收录了两篇题词,一篇是邓小平为景山学校题的词,另一篇就是邓小平为植树造林题的词。一则是1982年11月,邓小平为全军植树造林总结经验表彰先进大会写的题词:"植树造林,绿化祖国,造福后代。"另一则是1982年12月,邓小平在开展全民义务植树运动情况报告上的批语。

邓小平是我国全民义务植树活动的倡导者、践行者。这个批示,是他倡导植树绿化、注重保护环境的重要见证。他带领全国人民一起为中华大地添绿色、着春装，绿化祖国美化家园的活动深入人心，写下了绿意盎然的"春天的故事"。

（1）倡议——砍一棵树要赔种三棵。

开展全国性的义务植树活动是邓小平倡议的。这个倡议始于1981年夏天。当时四川、陕西遭受特大水灾，给人民的生命财产安全造成了重大损失。9月16日，牵挂民生安危的邓小平经过深思熟虑，找来时任国务院副总理、兼任国家农委主任的万里，对根治洪灾提出自己的考虑："是否可以规定每人每年都要种几棵树，比如种三棵或五棵树，要包种包活，多种者受奖，无故不履行此项义务者受罚。可否提出个文件，由全国人民代表大会通过，或者由人大常委会通过，使它成为法律，及时施行。"当年，五届全国人大四次会议讨论并一致同意邓小平的倡议，通过了《关于开展全面义务植树运动的决议》，规定每个适龄公民，每年有植树三株至五株的义务。自此，全国性的义务植树活动逐渐开展起来。

水灾是邓小平倡议义务植树活动的直接原因，但通过立法保护环境、倡导义务植树，这并不是邓小平的突发奇想，而是他长期思考的结果，是酝酿已久的。

早在20世纪60年代初，邓小平就提倡要保护森林，植树绿化。1961年，他视察东北林场时说："陈老总从日内瓦回来，说瑞士像个花园，几百年来都有一个法律，砍一棵树要种活三棵，否则犯法，我们也应当立个法。"1962年，他主持书记处会议讨论国营农场工作条例时再次提出："国家应像瑞士一样，规定一条法律，列入民法，不管集体、个人、国家的，砍一棵树，赔种三棵。先从国营农场造林搞起，每场规定造林任务，年年搞造林计划。"不久，在毛泽东主持的核心小组会议上，他又强调："山地、平原开荒都要注意保护森林和防止水土流失。"

邓小平从参与管理这个国家开始，就思索着怎样保持水土，美化祖国，逐渐形成立法植树的思想。这一直是他的情结所在，因此他每到一地，都很关注植树造林情况，强调要多种树、少破坏植被。

（2）宣传——每棵树就等于一个小水库。

邓小平看重植树，最主要的还是认识到树木对保持水土、改善生态环境、改变气候的巨大作用。1966年他视察西北时对西北局的负责人说："水土保持，黄土高原种树，要搞一百年才行啊。"在甘肃、青海，他多次向当地干部强调要多种树："一棵柳树就是一个小水库。你们要栽树，树栽多了，将来气候就变化了。"

从1958年到1983年，邓小平先后五次视察大庆，他每次都嘱咐当地干部要多种草、种树，搞好绿化。他说："井边要多栽些树，最好种核桃树，可以榨油。""大庆要多种树。农业搞机械化，节约下的人力种树，还可以种草。"

邓小平的足迹遍及祖国山山水水，东北大兴安岭、西北黄土高原、江南西子湖畔，每到一处他都不厌其烦地强调要绿化，他希望全国人民都能生活在温润清新的环境里，希望可爱的祖国处处春色满园，美丽动人。

（3）推动——让全国人民都种，让全国人民都发财。

提出义务植树的倡议以后，邓小平一直很关心这项活动，为植树造林做了很多批示和题词。1982年，他为全军植树造林总结经验表彰先进大会郑重题词："植树造林，绿化祖国，造福后代。"同年12月，他又在林业部关于开展全民义务植树运动情况报告上批示："这件事，要坚持20年，一年比一年好，一年比一年扎实。为了保证实效，应有切实可行的检查和奖惩制度。"

邓小平还利用各种场合向人们宣传植树，号召全国人民积极投入植树的活动中去。1982年11月，他会见前来参加中美能源资源环境会议的伦纳德·伍德科克时说："我们准备坚持植树造林，坚持20年、50年。这个事情耽误了，今年才算是认真开始。""我们计划在那个地方（黄土高原——笔者注）先种草后植树，把黄土高原变成草原和牧区，就会给人们带来好处，人们就会富裕起来，生态环境也会发生很好的变化。"

"十年树木，百年树人"，邓小平一直坚持不懈地实践和关注着义务植树活动。1992年邓小平视察南方，一路来到改革开放的前沿——深圳市。他在仙湖植物园种下了一株高山榕，为南国春色添了一抹浓浓绿意。在有人介绍一棵树叫"发财树"时，他兴致勃勃地说："让全国人民都种，让全国人民都发财。"在场的人们都笑了起来。今天，人们还不禁对邓小平的苦心和深意感慨万千。他是把植树当作国家很重要的大事来抓，以各种形式在各种场合号召全国人民积极行动起来，踊跃投身于义务植树活动中。

（4）垂范——要一代一代永远干下去。

邓小平很关注植树的落实情况，每到一地考察，他都很注意当地的绿化工作，大到植树的规划，小到数目、选种等具体事项，他都仔细观察、认真考虑。

1983年，他到江浙和山东等地视察，很高兴地对当地的同志说："杭州的绿化不错，给美丽的西湖风景添了色。"在龙井等地，他又指着树木说："你们这里的水杉树很好看，长得笔直。水杉树好，既经济，又绿化了环境，长粗了，还可以派用处，有推广价值。泡桐树也是一种经济树木，长得很快，板料又好。"他对当地的领导干部说："一定要重视绿化工作，要制定绿化规划，扩大绿地面积，发动干部群众义务植树。"此行结束回到北京，他在同胡耀邦等人谈话时强调指出："我在兖州，还看了一下种树。那里种泡桐的情况很好，很有规划。种树也要有具体规划。什么地方种什么树，种子种苗从哪里来，都要扎扎实实抓。"

邓小平不仅号召全国人民种树，还率先垂范，带头履行普通公民的义务参加植树。每当春天到来，他就会带上亲属和身边的工作人员，加入植树行列：1979 年在大兴薛营；1980、1981 年在中南海；1982 年在西山；1983、1984 年在十三陵水库；1985、1986、1987 年在天坛；1988 年在景山；1989 年在亚运村，北京的郊区、城内都留下他种树的身影。

邓小平多次强调"植树绿化要世世代代传下去"。每次植树，他都要带上孙女、孙子们，以身作则，教育他们种树、爱树。1987 年 4 月 5 日是北京市植树节，邓小平到天坛公园种树，把刚会走路的孙子小弟也带上了，还诙谐地称他是自己的新"部队"。他对孩子们说："你们长大了要接着栽树，要从小做起。"又很郑重地对工作人员讲："要让娃娃们从小养成种树、爱树的好习惯。"

位于京郊的十三陵水库地区是全国首个义务植树基地。1983、1984 年的植树节，邓小平都在这里植树。他挥锄种下了桧柏、油松、白皮松，还有一株日本客人送的樱花树。植树过程中，他不忘询问段君毅："这几年我们年年栽树，成活率怎么样？"当时的市委书记段君毅告诉他，这里的成活率达到 80% 以上，他听了非常高兴。沉思片刻，他又郑重指出："全国种树，主要是提高质量，提高成活率。栽的多，活的也要多。"

种完树，扶着锄把的邓小平远眺十三陵水库，说："这里环境很好，适合建个公园，给人民创造个休闲场所。"他还指着面前的一片山坡："这一片都种上树，这个风景区就非常漂亮了。"最后，他对参加劳动的中直机关干部说："植树造林，绿化祖国，是建设社会主义，造福子孙后代的伟大事业，要坚持二十年，坚持一百年，坚持一千年，要一代一代永远干下去。"

如今，十三陵水库林区已经作为国家森林公园向游客开放，园内遍植苍松翠柏，满山碧绿，郁郁葱葱，这个绿荫覆盖、风光秀美的地方成了众人向往和游览的景区。还有许多中小学校在这里建立了劳动基地，孩子们通过亲身劳动、绿色熏陶，学习邓小平植树传播的绿色精神，更加热爱祖国，热爱自然。

开展全民义务植树活动,是一件功在千秋、利在万代的大事业。回首邓小平植树的许多片刻,感受他对绿化中华大地的家国情怀,既是学习他热爱树木、传播绿色的精神,也是树立我们热爱祖国、培养环保意识、弘扬绿色文明的重要契机,让我们一起为了祖国河山的美丽未来,为广大人民的绿色明天而努力。

(文/王达阳)

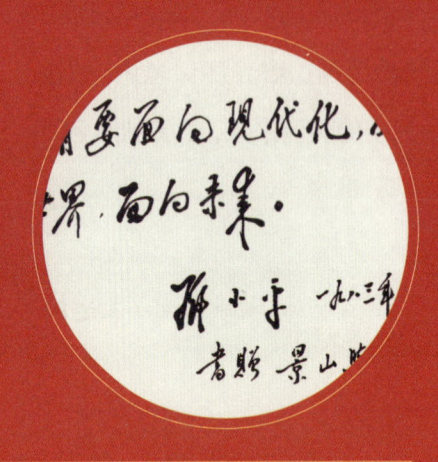

"三个面向"题词

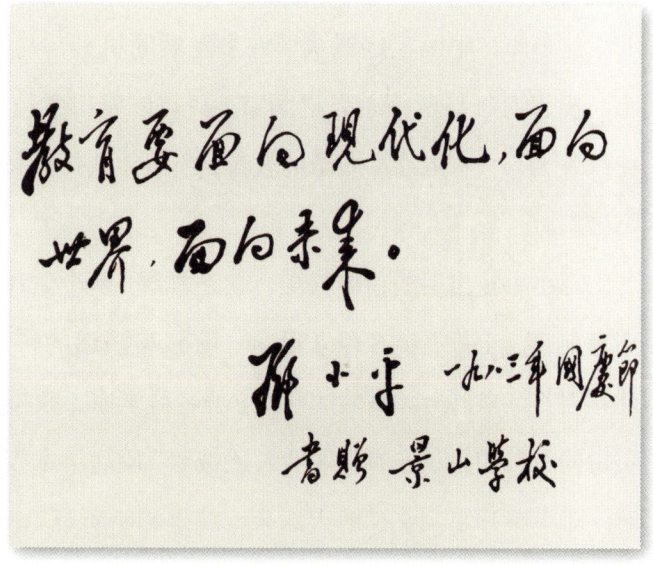

1983年10月1日,邓小平为北京景山学校题词。

"三个面向"

北京景山学校是中共中央宣传部在1960年创办的一所用来进行教育改革实验的学校。它肩负着探索一条中小学教育改革实验正确道路的光荣使命。景山学校的教学楼下矗立着一块石碑,镌刻着邓小平在1983年给景山学校的题词:"教育要面向现代化,面向世界,面向未来。"

这句题词虽然只有16个字,但是包含着邓小平对我国教育事业未来发展道路的思考。1977年,邓小平第三次复出,主动要求分管科学、教育工作。他所面对的,是"文化大革命"后教育界满目疮痍的景象:"四人帮"鼓吹的"两个估计"①压得知识分子抬不起头、喘不出气；学校正常的教学秩序遭到破坏；这十年培育出的人才质量参差不齐，与实现四个现代化的要求相去甚远。用邓小平自己的话说，"同发达国家相比，我们的科学技术和教育整整落后了20年"。

这十年，中国已经错失了许多发展的机遇，与其他国家拉开了很大差距。要想追赶甚至超越先进国家，只有依靠科学技术。要想科学技术能够持续发力，只有依靠高质量的教育。所以他选择科技、教育作为打破僵局的突破口。

邓小平复出后的首要任务，就是推翻"两个估计"以及恢复中断许久的高考制度。1977年8月4日，一场影响深远的科学和教育工作座谈会在北京召开。来自全国各地的33位著名科学家、教授以及科学和教育部门的负责同志参加会议。其中不少人还戴着"反动学术权威"的帽子。会议开始时，邓小平开宗明义：请大家来，就是想听听意见。正是这句话，卸下了与会人员的心防，使他们畅所欲言。不少专家学者都提到了恢复高考制度的问题，武汉大学化学系副教授查全性更是作了一个关于恢复高考制度的系统发言，引起与会人员的高度共鸣。专家的意见打动了邓小平，他立马转身问身边的教育部部长刘西尧：今年就恢复高考还来得及吗？当知道高等学校招生会议已经召开并确定沿用群众推荐制时，邓小平果断拍板：既然今年还有时间，那就坚决改嘛。把原来写的招生报告收回来，根据大家的意见重写。也正是在这个会上，邓小平对之前十七年的教育重新评价，充分肯定了全国十七年教育工作"主导方面是红线"，广大科技工作者、教育工作者取得了很大的成绩。更关键的是，邓小平指出："我国的知识分子绝大多数是自觉自愿地为社会主义服务的。"这句话猛烈地冲击了"两个估计"，使在场

---

① 即"文化大革命"前17年教育战线是"资产阶级专了无产阶级的政"，是"黑线专政"；知识分子的大多数"世界观基本上是资产阶级的"，是"资产阶级知识分子"。

人员为之振奋。

但是"两个估计"是以中央文件的形式下发的,在当时仍然充斥"左"的思想的环境下,推翻它谈何容易?恢复高考也陷入了停滞。为此,邓小平多次作出批示。9月,他对教育部负责同志语重心长地说:"'两个估计'是不符合实际的。怎么能把几百万、上千万知识分子一棍子打死呢?""你们的思想没有解放出来。你们管教育的不为广大知识分子说话,还背着'两个估计'的包袱,将来要摔筋斗的。"在邓小平的大力推动下,10月12日,国务院批转了教育部《关于1977年高等学校招生工作的意见》,恢复高考一事尘埃落定。这个消息,对当时身负才学却苦于没有升学途径的广大学子来说,无异于久旱逢甘霖。1977年,共计570万名考生走进了期盼已久的考场,无数学子进入了梦寐以求的学校。从恢复高考开始,邓小平又陆续推动了派出留学生等多项改革,成功推动高等教育恢复并发展。与恢复高考近乎同步,推翻"两个估计"也取得了喜人的成绩。毛泽东1971年在全国教育工作会议期间的一段谈话记录被披露出来,成为否定"两个估计"的一个重要依据。压在科技界、教育界头上的这座大山最终被推翻了。

加强大学教育可以及时填补人才的缺口,但是从长远来看,要想发挥教育源源不断的供血作用,还需要发展中小学教育,建立一套完整的教育体系。邓小平不仅重视大学教育,还特别重视中小学基础教育。他指出:"高等院校学生来源于中学,中学学生来源于小学,因此要重视中小学教育。"为了推动全民科学素养的提高,邓小平还提出:"我们要在科学技术上赶超世界先进水平,不但要提高高等教育的质量,而且首先要提高中小学教育的质量,按照中小学生所能接受的程度,用先进的科学知识来充实中小学的教育内容。"在邓小平的推动下,教育界逐渐焕发活力。以景山学校为例,1977年,景山学校被选为教育部重点学校,再次成为中小学教育改革的试验基地。在1978年全国教育工作会议召开之前，邓小平提议将景山学校当作试点，把学校挑选申报的三位老师定为特级教师。之后的多项试验也选择在景山学校进行。景山学校的各项工作都逐渐回到正轨。

1983年，景山学校的教育改革试验从逐步恢复各单项试验阶段进入到中小学教育全面改革的新阶段。但是这条路该走向哪，怎么走，他们还充满了疑惑，因此景山学校的师生集体给邓小平写了一封信，请他指点迷津。信的内容如下：

敬爱的小平同志

亲爱的邓爷爷：

　　我们首先代表北京景山学校的同学们，向您老人家致以少先队和共青团的敬礼！

　　我们这所进行中小学教学改革试验的学校，从1960年开始，为走出一条中国社会主义学校教育的新路子而艰苦奋斗。在这二十几年中，我们在集中识字、抓紧写字作文、编写数学教材新体系、儿童科学知识的启蒙、外语训练、思想品德教育、劳动技术教育，在高年级增设新知识、新技术的课程，以及学制年限（现在是小学五年、初中四年、高中三年）和教学方法等方面都不断地进行探索，但是我们现在的困难和缺点还不少，特别是师资水平、校舍和教学设备、管理制度等等，远远不能适应整个国家加速现代化的步伐。最近，联合国教科文组织（亚太地区）又把我们学校作为在中国的联系中心之一。如何使我们今后的教育工作更好地面向世界，面向未来，更是很大的难题。但是我们全体教职工决不在困难面前低头，我们将正视缺点，努力改正，为中国现代化培养新型劳动者的后备军献出我们的心血。

伟大的中华人民共和国 34 周年国庆节即将来临,在盛大节日的前夕,我们提出一个恳求,就是希望您老人家能为我们题词,或向我们说几句话,指明我们继续前进的方向。

致

崇高的敬礼!

北京景山学校

一九八三年九月七日

邓小平接到信后,挥毫题词:"教育要面向现代化,面向世界,面向未来"。"三个面向"是邓小平立足于世界科学技术发展潮流以及我国现代化建设具体实际,针对我国科学、教育发展起步晚、水平低、不平衡的问题提出的,体现了邓小平对教育与现代化建设关系的系统思考,也指引了我国教育事业的发展方向。在此之后,以服务现代化建设为目标,我国教育事业蓬勃发展,为现代化建设提供了大量高技术人才,大大推动了中国特色社会主义现代化建设。

(文 / 李瀚)

给深圳经济特区的题词

邓小平为深圳经济特区题词。

1984年1月31日，农历腊月二十九，大部分中国人正准备欢度除夕，广东省深圳市接待处处长张荣行色匆匆地赶到省会广州市。想到自己此行的特殊任务，他内心的压力极大——他需要当面请求邓小平为深圳题词。

张荣赶到广州珠岛宾馆的时候，邓小平还没有抵达。在途中张荣已经多方联络，希望不枉此行。邓小平处的工作人员担心邓小平的体力，提议"还是回到北京再题吧"，但肩负市里重托的张荣再三请求。邓小平的二女儿邓楠也帮深圳争取了一下，对张荣说："我们将他（邓小平）一军吧！"大年

给深圳经济特区的题词 | 167 |

三十的清晨，邓小平领着小外孙散步完回到房间，眼前的桌子上笔墨纸砚都已摆好。邓楠上前把张荣介绍给邓小平："这是深圳来的张荣同志。"邓小平说："认识，认识。还没回去过年啊？"没等张荣回答，邓楠抢着说："没给人家题词，哪有心思过年啊！"邓小平"呵呵"一笑："这么严重，还要等着（题词）过年？"确实，国家领导人的题词虽然重要，一般也不至于到影响过年的程度。只是这份题词太过特殊，或许是邓小平革命生涯中分量最重、影响最为深远的一份题词。

邓小平的1984年，从对中国南方的视察开始。后来，这趟行程被视作"春天的故事"的重要段落。1984年1月22日晚，邓小平乘专列离开北京。他的第一站即是深圳。深圳，今天是举世闻名的中国第一个经济特区，跻身国际一线城市。深圳宝安国际机场是中国境内第一个实现海、陆、空联运的现代化国际空港。很少有人记得，经济特区实际是从生产农副产品起步的。

1977年，这里还叫宝安县，如何解决逃港问题是困扰当地的难题。11月，邓小平到广州视察，谈到广东具有得天独厚的条件，一是地接港澳，二是重要的侨乡，有对外经济交往的传统，可以利用这些优势建立出口基地。他说："你们是第一个口岸，然后才是上海、天津等地方。深圳每年光兑换外币就三千多万美元"，"看来最大的问题是政策问题"。他布置："搞几个现代化养猪场、养鸡场，宁肯进口一点粮食养猪养鸡，以进养出，赚回钱来。生产生活搞好了，还可以解决逃港问题。逃港，主要是生活不好，差距太大。"根据他的意见，中央决定，把宝安、珠海两地建成供应港澳鲜活农副产品的出口生产基地，把卖海沙收入的400万元留给宝安，建起一批养殖场和果园。

1979年4月，中央工作会议期间，广东省委第一书记习仲勋等人向中央汇报一个设想——广东可以利用靠近港、澳的优势，实行一些较为特殊的优惠政策，在沿海地区设立出口加工基地，以加快经济发展。这一设想得到邓小平的积极支持。4月17日，邓小平在中共中央政治局召集的中央工作会议各组召集人汇报会议上建议中央批准广东的这一要求。他说："广东、福建实行特殊政策，利用华侨资金、技术，包括设厂，这样搞不会变成资本主义。""如果广东、福建两省八千万人先富起来，没有什么坏处。"

会议期间，习仲勋还向邓小平提出希望中央下放若干权力，允许在毗邻港澳的地区划出一块地方，作为华侨和外商的投资场所，单独进行管理。邓小平非常赞同广东的这一设想，并敏锐地意识到这是中国实施开放政策、促进经济发展的一个重要突破口。邓小平说："还是叫特区好，陕甘宁开始就叫特区嘛！中央没有钱，可以给些政策，你们自己去搞，杀出一条血路来。"后来，习仲勋回顾当时的感受："在这次会议上，我知道邓小平同志对搞改革开放的决心很大，说这次'要杀出一条血路来'，充分表达了我们党搞中国式的社会主义现代化的坚强决心。""对广东来说，中央这个决策，是关系重大的事，但毕竟又是全新的责任重大的事。我的心情是'一则以喜，一则以惧'。""我们确信'路是人走出来的'，只要我们团结战斗，就总会有办法。"

如果要跳出现有的框架，必然同现行的机制相矛盾，就需要去闯。20世纪80年代初，中国经济特区的创办虽然已经大刀阔斧地开展起来，但在如何看待特区性质等一些重大问题上，认识很难迅速统一。最初几年，特区创业步履维艰。对于这些不同看法，中共中央给予极大的关注和耐心。1980年10月，任仲夷调赴广东工作。据他回忆，上任前邓小平专门与他谈话，要求"对于搞特区，你们要摸出规律，搞出个样子来"。针对当年12月中央工作会议上出现的"特区就是租界"的议论，邓小平坚定地表示："在广东、福建两省设置几个经济特区的决定，要继续实行下去。但步骤和办法要服从于调整，步子可以走慢一点。"

1984年春，邓小平亲自来到南方，仔细视察了深圳、珠海、厦门经济特区，他说："办经济特区是我倡议的，中央定的，是不是能够成功，我要来看一看。"邓小平一路走一路看，始终没有表态。不过，1月28日这天上午，他登上中山市罗三妹山。下山的时候，工作人员请他走原路，说比较好走。而邓小平却说："我从来不走回头路。"正是这种"不走回头路"的精神，激励着中国特色社会主义事业在风雨历程中不断披荆斩棘，勇往直前。

当视察完毕，邓小平其实已胸有成竹。来到1984年2月1日的大年三十早餐时间，面对深圳方面的题词请求，邓小平没有推辞，他坐下来问："你们说，写什么好？"张荣急忙把事前准备好的纸条递给邓楠。邓楠给父亲念着："深圳特区好""总结成绩和经验，把深圳特区办得更好"等。邓小平慢慢蘸墨就开始写，抬笔落字："深圳的发展和经验证明，我们建立经济特区的政策是正确的。"在写落款的时候，他手中的笔没有作任何停留地写上"一九八四年一月二十六日"。当天是2月1日，这个落款日期是所有人都没有料到的，邓小平有意表明他在视察深圳完毕时已经胸有成竹。张荣拿起这幅题词时手都有点哆嗦，他只说一句"谢谢首长"，就兴奋地拿着墨迹未干的题词奔出门外。两天来，深圳市领导24小时守候在电话机旁，张荣无数个"无可奉告"的电话让他们如坐针毡，现在终于听到张荣气喘吁吁地报告："题了，题了，比我们想象的好多了！"

第二天是中国农历甲子年大年初一。一大早，邓小平为深圳经济特区的题词就通过深圳电视台、广播台以及《深圳特区报》和广大市民见面。和深圳一河之隔的香港电视台立即转播，而且每隔五分钟播放一次。题词在海外也引起强烈反响。邓小平对经济特区的充分肯定给"经济特区该不该办"的争议画上句号，特区的春节过得特别红火。

这趟南方之行后还有一个开创性的结论，这就是："我们还要开发海南岛，如果能把海南岛的经济迅速发展起来，那就是很大的胜利。"1988年

4月，七届全国人大一次会议正式批准设立海南省，划定海南岛为经济特区。多年来，深圳、珠海、汕头、厦门、海南五个经济特区不辱使命，谱写了勇立潮头、开拓进取的壮丽篇章，在体制改革中发挥了"试验田"作用，在对外开放中发挥了重要"窗口"作用，更与农业改革一起，象征着勇于创新的改革精神，为开创中国式现代化道路作出了重大贡献。习近平总书记指出："我们解放思想、实事求是，大胆地试、勇敢地改，干出了一片新天地。"

（文／周锟）

《双猫图》

《双猫图》（陈莲涛　绘）。

双猫图

邓小平家中挂着一幅《双猫图》。一只毛色雪白的猫与一只毛色乌黑的猫相伴而行，双眼炯炯有神，令人喜爱。画中还题写着："不管白猫黑猫，能捉老鼠就是好猫。"这幅画出自"江南猫王"陈莲涛之手。画上的题词则源于邓小平20世纪60年代探索农村改革时引用的一句四川俚语。

20世纪60年代初期，由于"大跃进"、人民公社化运动等"左"的错误以及三年自然灾害，我国农业生产严重受挫，粮食生产从1957年的3900亿斤下降到1961年的2900亿斤。人民公社体制因为吃"大锅饭"、平均主义等问题难以调动农民生产的积极性。时任国务院副总理的邓小平对这种情形忧心忡忡。他和陈云等人都意识到平均主义的农村现有生产关系不利于恢复农业生产。此时，一些基层经验引起了他们的注意。部分政府与群众采取包产到户、建立生产责任制的办法，取得了良好的效果。邓小平十分重视这些基层经验。在1962年7月2日的中央书记处会议上，他提出要认真研究一下分田或包产到户的办法。他说："现在所有的形式中，农业是单干搞得好。不管是黄猫、黑猫，在过渡时期，哪一种方法有利于恢复生产，就用哪一种方法。""群众要求，总有道理，不要一口否定，不要在否定的前提下去搞。要肯定，形式要多样。"

7月7日，邓小平在接见出席共青团三届七中全会全体人员时，明确提出要改革农村生产关系、提高农民积极性。他说："生产关系究竟以什么形式为最好，恐怕要采取这样一种态度，就是哪种形式在哪个地方能够比较容易比较快地恢复和发展农业生产，就采取哪种形式；群众愿意采取哪种形式，就应该采取哪种形式，不合法的使它合法起来。"他再次阐述了"双猫"理论："刘伯承同志经常讲一句四川话：'黄猫、黑猫，只要捉住老鼠就是好猫。'""现在要恢复农业生产，也要看情况，就是在生产关系上不能完全采取一种固定不变的形式，看用哪种形式能够调动群众的积极性就采用哪种形式。"

作为探索中国社会主义建设道路的思想成果，邓小平的"双猫"理论具有十分深远的影响，充分体现了邓小平坚持以发展生产力为标准变革生产关系的思想，以及坚持群众观点，关注群众所思所想，及时总结群众创造经验的工作方法。这成为20世纪70年代后期邓小平支持、领导农村改革的思想基础、理论基础。

1976年，"四人帮"被粉碎，"文化大革命"宣告结束，但是这十年里

"四人帮"的倒行逆施已严重破坏我国农业生产。虽然农业生产绝对值有所增加,但是农业生产增速严重下滑。随之而来的还有农业结构不平衡、农民收入低、生活困难等一系列问题。尽管1977、1978年中央采取了一系列发展农业的措施,但是因为党内仍笼罩在"左"的情绪中,这些措施仍然在延续"文化大革命"时期"左"的错误,收效不大。

复出后的邓小平对农业生产现状充满担忧。农业是各项事业的基础,如果农业停滞不前,不仅会阻碍国家现代化建设,甚至还可能引起社会动荡,危及国家安全。针对统得过多、管得过死的农业生产关系,邓小平提出要清理政策,增加农民收入,充分调动农民积极性。在邓小平的鼓励下,在当时解放思想的大环境下,不少地区都在探索激发农民积极性的生产组织方式,如广东的"五定一奖",四川等地的"包产到组"等。其中,安徽的改革步伐迈得最大。安徽凤阳小岗村是出名的贫困村,长期依靠国家的返销粮维持生产生活。当地农民为了摆脱贫穷的生活状态,冒着风险实行了大包干,将集体土地的耕种责任明确到家庭,并约定农民只要完成国家农业税和集体提留,可以自由处置剩余产品。这种生产组织方式因为明确生产责任,并且赋予了农民生产自主权与剩余产品分配的自主权,一下子点燃了小岗村村民的积极性。

大包干这一农民发明的生产方式很快便吸引了当时中共安徽省委第一书记万里的注意。经过调研后,万里认为这一生产责任制很好地激发了农民的生产积极性,坚定地支持这一改革。但是这一改革一石激起千层浪,引起了各方的反应。虽然党的十一届三中全会提出了解放思想、实事求是的口号,但是要突破"左"的思想的束缚还需要时间。当时各方对于包产到户、包干到户等有不同的意见。部分中央领导人和地方主要负责同志认为包产到户、包干到户就是分田单干,是对社会主义的倒退,必须纠正、抵制。少数人如贵州省委第一书记池必卿、辽宁省委第一书记任仲夷等则大力支持包产到户。双方展开了激烈的争论。

在这场激烈的争论中，邓小平没有轻易表态。他还在观察包产到户的具体效果。他坚信，实践是检验真理的唯一标准，包产到户能不能发展生产力得在实践中去检验。他对万里说："不要争论，你就这么干下去就行了，就实事求是干下去。"邓小平这句话给了万里极大的鼓舞。包产到户、包干到户并没有令万里等人失望。1979年和1980年，凤阳县连续两年实现粮食增长，不少生产队实现了"一年翻身""一季翻身"。其他地方也传来了喜讯。邓小平终于发言表态，为这场旷日持久的争论落下一记重锤。1980年5月31日，邓小平在同中央部分负责同志谈话时支持包产到户等生产责任制。他说："农村政策放宽以后，一些适宜搞包产到户的地方搞了包产到户，效果很好，变化很快。安徽肥西县绝大多数生产队搞了包产到户，增产幅度很大。'凤阳花鼓'中唱的那个凤阳县，绝大多数生产队搞了大包干，也是一年翻身，改变面貌。有的同志担心，这样搞会不会影响集体经济。我看这种担心是不必要的。"在邓小平的支持推动下，党的农业政策首先在边疆、贫困地区松了口，并逐渐扩展到其他地区。1982年的中央一号文件《中央农村工作会议纪要》为包产到户、包干到户正了名，承认包产到户、包干到户也是生产责任制的一种："包工、包产、包干，主要是体现劳动成果分配的不同方法。包干大多是'包交提留'，取消了工分分配，方法简便，群众欢迎。"

以生产关系改革为发端，农村改革逐步走向深化。包产到户等生产责任制冲击了人民公社体制，最终导致人民公社体制的瓦解。原先种植结构不合理问题也因为因地制宜原则的恢复而得到解决。广大农民的生产积极性被大大调动了起来。这一切既要归功于人民群众的首创精神，也依靠了邓小平及时总结基层经验加以推广的工作方法。邓小平曾谦虚地表示："家庭联产承包责任制也是由农民首先提出来的。这是群众的智慧，集体的智慧。我的功劳是把这些新事物概括起来，加以提倡。"在邓小平的领导下，在广大农民的努力下，我国农业生产连续四年上升。农村改革的顺利实行也为城市改革提供了宝贵经验、打下了坚实基础，以农村改革带动城市改革的局面逐渐形成。

（文 / 李瀚）

"改革的总设计师"横幅

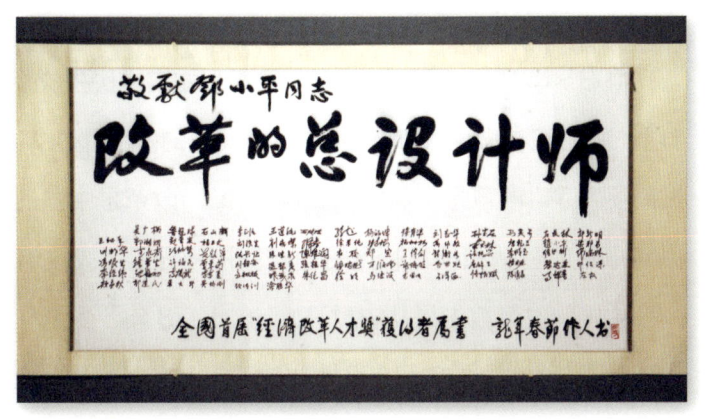

1988年全国首届"经济改革人才奖"获得者签名敬赠邓小平的"改革的总设计师"横幅。

这是1988年全国首届"经济改革人才奖"获得者签名敬赠邓小平的"改革的总设计师"横幅,由吴作人手书。党的十一届三中全会后,邓小平围绕什么是社会主义、怎样建设社会主义的问题,思考和探索中国的发展道路,发动和领导了改革开放,调动和激发了全社会的积极性和创造力,各项事业快速发展,人民生活水平迅速提高,中国特色社会主义显示出蓬勃的生机和活力。正因为邓小平作出的巨大贡献,他被人民亲切地称为"改革开放的总设计师"。

20世纪50年代初,当新中国大规模经济建设将要开始的时候,报刊上曾展开一场关于设计在基本建设中极端重要性的讨论。《人民日报》在社论中提出"施工必先有设计"的基本原则,产生了重大影响。事实确实是这样:如果没有总体的成熟的设计,只凭热情和愿望就动工,结果不是做不好,就是做不成,或者中途改变、翻工重建,造成巨大损失。这类教训是不少的。到20世纪70年代后半期,这是中国共产党领导全国人民为社会主义事业奋斗的进程中一个大转折的关键时期。在这个时期,有没有一个总体性的正确设计尤其重要。

1985年3月28日,邓小平会见日本自由民主党副总裁二阶堂进时说:"现在我们正在做的改革这件事是够大胆的。但是,如果我们不这样做,前进就困难了。改革是中国的第二次革命。"改革是中国的第二次革命,邓小平以其卓越的智慧和极富特点的创新精神领导了这次改革。

中国的改革首先是从农村开始的。1978年,受真理标准问题大讨论的启发,全国许多地方的农民自发地冲破了"一大二公"的人民公社体制,创造了多种的生产责任制形式,并逐渐演变成以大包干为主的家庭联产承包责任制。对农村改革,邓小平始终坚持尊重农民的首创精神、尊重实践的原则。1980年5月31日,他在同胡乔木、邓力群的谈话中,着重谈了农村政策问题。他说:"关键是发展生产力,要在这方面为集体化的进一步发展创造条件。"邓小平这次谈话,是对安徽实行大包干、包产到户和农业生产责任制的极大支持与鼓舞,也为几年来关于包产到户的争论彻底画上了句号。在邓小平的指导下,中央连续发出五个"一号文件",引导农村改革走向深入。1982年1月,在中国共产党的历史上第一次以"一号文件"形式发出农村工作文件——《全国农村工作会议纪要》。中央以文件形式明确地给包产到户、包干到户正了名,明确地肯定它姓"社"又姓"公"。从此,包产到户、包干到户等生产责任制在全国更广的范围内推广开来,实行了20多年的人民公社制逐渐退出了历史舞台。

农村的问题解决了,并不意味着中国的问题就解决了。1987年6月12

日,邓小平在会见南斯拉夫共产主义者联盟中央主席团委员斯特凡·科罗舍茨时曾回忆这段时光:"农村改革的成功增加了我们的信心,我们把农村改革的经验运用到城市,进行以城市为重点的全面经济体制改革。"为适应改革从农村向城市发展的新形势,1984年10月召开的十二届三中全会通过了《中共中央关于经济体制改革的决定》。《决定》总结了十一届三中全会以来经济体制改革的经验,比较系统地提出和阐明了经济体制改革中的一系列重大理论和实践问题。1984年10月22日,邓小平在中央顾问委员会第三次全体会议上谈到《中共中央关于经济体制改革的决定》时说:"这次经济体制改革的文件好,就是解释了什么是社会主义,有些是我们老祖宗没有说过的话,有些新话。"通过改革,城市经济生活出现了前所未有的活跃局面。

农村改革和城市改革取得成功之后,邓小平并没有停下思考。他果断抓住时机,在中国推进全面改革。1984年,十二届三中全会通过《中共中央关于经济体制改革的决定》后,不久又相继作出科技体制和教育体制改革的决定。中国的改革全面展开,社会面貌和结构都发生了巨大变化。

1991年8月20日,邓小平同几位中央负责同志谈话时强调:"坚持改革开放是决定中国命运的一招。"经过20多年的奋斗,中国告别了短缺经济,人民生活总体上达到了小康水平,社会主义民主制度逐步完善,社会主义道路越走越宽广。1992年,邓小平在南方各地视察期间再次总结说:"革命是解放生产力,改革也是解放生产力,推翻帝国主义、封建主义、官僚资本主义的反动统治,使中国人民的生产力获得解放,这是革命,所以革命是解放生产力。社会主义基本制度确立以后,还要从根本上改变束缚生产力发展的经济体制,建立起充满生机和活力的社会主义经济体制,促进生产力的发展,这是改革,所以改革也是解放生产力。"

(文/王桢)

维吾尔族小花帽

1981年8月,邓小平视察新疆时群众赠送的维吾尔族小花帽。

20世纪80年代,邓小平曾两次收到新疆人民赠送的维吾尔族小花帽。在重要场合给客人戴上小花帽,是维吾尔族的一种极高礼仪,代表着对朋友的尊敬之情。

1981年8月,邓小平到新疆视察工作,他详细调研当地的生产和发展,并走进群众家中了解生活情况。在这次视察中,新疆人民向邓小平这位远方的来客赠送了一顶小花帽。1988年11月8日,接见出席中国文学艺术界联合会第五次代表大会代表的邓小平又收到了一份特殊的礼物,是一位美丽的维吾尔族姑娘代表新疆各族人民带来的维吾尔族小花帽。戴着小花帽的邓小平在合影时笑得格外灿烂。

少数民族群众对邓小平的敬意源自邓小平对少数民族群众时刻放不下的牵挂。主政西南时,邓小平便将民族工作摆在突出位置。西南地区少数民族数量众多、情况多样,民族间的关系非常复杂。当时,由于国民党的挑拨,各少数民族处于剑拔弩张的状态,汉族和各少数民族的关系也因为国民党的反动政策岌岌可危。

邓小平深知,要打开民族工作的局面,必须要抓住化解隔阂这一关键。要化解隔阂,必须要反对大汉族主义,实现真正的民族平等,尤其是实现汉族与各少数民族的平等。因此,在进军西南时他三令五申,要求各级指战员务必从思想上重视民族政策。他强调,解放军不仅是战斗队,还得是党的民族政策、《共同纲领》的宣传队。宣传的目标,就是让西南少数民族群众了解中国共产党真正摒弃了大汉族主义,人民解放军就是去推翻大汉族主义对他们的统治而让他们当家作主的。他还进一步要求,全军要尊重少数民族的风俗习惯和宗教信仰,在没有得到少数民族允许前,不能强行推行政策,不能粗暴干涉少数民族内部事务,要以实际行动消除民族隔阂。

在邓小平的指示下,各民族之间的矛盾逐步缓和,西南地区的民族工作也打开了局面。但是邓小平并不满足,仍在思考如何真正做好民族工作。1950年7月,著名社会学家费孝通前往西南地区考察。借此机会,邓小平向这位专家求学问道。在了解西南少数民族的情况后,费孝通直指问题本质:"还是少数民族和汉族的关系问题。解放前少数民族除了受本民族统治阶级的剥削和压迫以外,还要受汉族统治阶级的压迫。因此,他们对汉族有一种反感心理。解放以后情况完全不同了,在中华人民共和国这个大家庭里,各民族一律平等,但是因为现在刚解放,少数民族地区与广大的汉族居住地区的经济发展和生活水平差距很大。因此,他们在心理上对汉族的隔阂仍然存在。所以让少数民族了解共产党的民族政策很重要。"邓小平赞同地说:"问题抓到点子上了。少数民族有点怕汉人确实有历史原因。现在我们的干部就要用自己的行动来改变他们心目中的汉人形象。凡是在少数民族地区工作的干部都要深入下去和他们交朋友,要使他们认识到我们是新汉人。"他还十分中肯地表示:"汉族和少数民族有了矛盾,首先我们要承担责任,自己要先认错道歉。这样才能取得人家的谅解。"费孝通被邓小平的坦诚所感动,进言道:"要解决民族隔阂。主要应该反对大民族沙文主义。"邓小平语重心长地说:"狭隘民族主义和大民族主义都要反对,但是应当首先老老实实取消大民族主义。只要大民族主义一抛弃,就可以换得少数民族抛弃狭隘的民族主义。两个主义一取消,团结就会出现了。"

与费孝通交流过后,邓小平愈发明白民族工作的关键,为他后来分管全国民族工作奠定了基础。1952年,邓小平进入中央,担任政务院副总理,分管监察、民族、人事工作。进入中央后的邓小平对全国各地的民族情况有了更宏观的认知,对民族工作的思路也更加清晰。在一次政务会议上,他清晰地指出大汉族主义的本质"不是以平等的地位对待少数民族,剥削少数民族,不愿少数民族进步、发展",解决民族问题的关键就是纠正大汉族主义。同时,基于他主政西南时推动民族地区经济发展的实践经验,他明确指出发展是解决少数民族各个问题的基础。"假若民族区域自治解决后,生活还不能改善,他们即会怀疑区域自治到底有什么好处?"这些观点为做好民族工作指明了方向。

民族区域自治是实现民族平等的重要制度。邓小平亲自参与了新疆民族区域自治的筹备过程。1953年3月,邓小平召开会议,讨论《新疆民族区域自治实施计划(草案)》。针对新疆民族自治区域所要处理的维吾尔族与其他民族关系问题,邓小平秉持民族平等原则,指出,"在推行民族区域自治过程中,既要注意到以少数民族聚居区为基础,又要照顾到各少数民族自治区经济、政治的发展需要；不仅要使各少数民族人民在政治上享有平等权利，而且要使他们从事实上真正体验到维吾尔族对自己的帮助和照顾"。对其他悬而未决的问题，他也在会上作出批示，有力地推动了新疆民族自治区域的建立。

新疆维吾尔自治区建立后，邓小平一直惦念着当地的少数民族群众。1981年8月，他踏上了新疆的大地。这一行，他走进了石河子垦区，接见了"献了青春献终身，献了终身献子孙"的石河子垦区团以上干部和老红军，回味着当年的军旅生活，也深入了乌鲁木齐南山牧区，走进哈萨克族牧民的毡房，与牧民们叙叙家常。8月16日，他对中共新疆维吾尔自治区委第二书记谷景生说："要把我国实行的民族区域自治制度用法律形式规定下来，要从法律上解决这个问题，要有民族区域自治法。新疆稳定是大局，不稳定一切事情都办不成。不允许搞分裂，谁搞分裂处理谁。"

他还前往了著名的"火洲"吐鲁番，走进了维吾尔族农民吾守尔·扎义尔的家中。他坐在炕头上，亲切地问："土地承包后，怎么样？"身边的队长提力瓦尔积极回答道："农民很高兴，积极性可高啦！不分白天、晚上都有人干活。生活比以前强多了！"邓小平欣慰地笑了。这时，吾守尔老人抱着两个新摘的大甜瓜，送给邓小平尝鲜。他笑着说："好，我带回去吃！"

邓小平对民族工作的判断，在改革开放的实践中得到进一步验证。随着生活水平不断提高，少数民族群众对邓小平的敬意越来越深。给邓小平送上小花帽的玛利牙木·那斯尔回忆："那是我一生中最开心的时候，当我紧握住小平温暖的手掌的时候，心里有千万种感谢的话语却不知如何向他老人家表达。"随着改革开放走向深入，各民族生活蒸蒸日上，联系也愈发紧密。现在，各民族像石榴籽一样紧紧抱在一起，团结一致向着新的奋斗目标大步前进。

（文／李瀚）

《实践是检验真理的
唯一标准》题词

实践是检验真理的唯一标准

这是邓小平在 1988 年为真理标准问题讨论十周年所作的题词。

 这是邓小平为纪念真理标准问题讨论十周年所作的题词。关于真理标准问题的讨论，在 20 世纪 70 年代末的中国不是一个单纯的理论问题，而是一个重大的政治问题，关系党和国家的前途和命运。

 批判"两个凡是"错误，恢复实事求是的思想路线，逐步实行全面拨乱反正，是邓小平复出工作后集中精力解决的事情。邓小平在千头万绪中抓住决定性环节，从端正思想路线入手拨乱反正，领导和支持开展真理标准问题大讨论，为党的十一届三中全会的召开做了充分的思想准备。

中国要想从困境中走出来，当务之急就是要从人的思想上彻底清理"文化大革命"的错误，恢复实事求是的传统。然而，当时有些人却认为，如果否定毛泽东生前所作出的一切决定和意见，就损害了毛泽东思想。1977年2月7日，《人民日报》、《红旗》杂志、《解放军报》联合发表的社论《学好文件抓住纲》中的几句话就很明显地反映了这种观点。社论称："凡是毛主席作出的决策，我们都坚决维护，凡是毛主席的指示，我们都始终不渝地遵循"。

邓小平在尚未复出工作的时候，就明确提出了自己对"两个凡是"的看法和思考。1977年4月10日，邓小平给华国锋、叶剑英和中共中央写了一封信："我们必须世世代代地用准确的完整的毛泽东思想来指导我们全党、全军和全国人民，把党和社会主义的事业，把国际共产主义运动的事业，胜利地推向前进。"邓小平的这些意见引起了党内许多同志的思考。

邓小平对"两个凡是"的态度是非常坚决的，他明确表示："'两个凡是'不行"。1977年5月24日，邓小平在同王震等人的谈话时说："毛泽东同志自己多次说过，他有些话讲错了。他说，一个人只要做工作，没有不犯错误的。又说，马恩列斯都犯过错误，如果不犯错误，为什么他们的手稿常常改了又改呢？改了又改就是因为原来有些观点不完全正确，不那么完备、准确嘛。"邓小平深知，"两个凡是"的问题，是关系到能否坚持辩证唯物主义的理论问题。1977年7月，在党的十届三中全会上，他再次强调，群众路线和实事求是是毛泽东思想最根本的东西。不能割裂、歪曲和损害毛泽东思想。

要做到真正的拨乱反正，就要从理论上破题。中国的许多有识之士也在深入思考着这个问题。南京大学哲学系的教师胡福明针对时弊，构思了一篇理论文章。据他回忆说："'两个凡是'发表不久，我就在理论上思考这么一个问题：判断理论、认识、观点、决策是否正确的标准究竟是什么？判断是非的标准究竟是什么？"带着思考，胡福明着手写了一篇题为《实践是检验一切真理的标准》的文章。1977年9月，他将文章寄给了《光明日报》。这篇文章的观点引起了胡耀邦的重视，他专门组织了一批同志，对原文作进一步修改。1978年5月10日，题为《实践是检验真理的唯一标准》的文章在中央党校的内部刊物《理论动态》第60期全文发表。5月11日，《光明日报》以特约评论员名义公开发表了这篇文章。文章最先引来的却是党内的责难。一些主张"两个凡是"的领导同志严肃批评了这篇文章和发文部门，他们把真理标准问题的讨论指责为"非毛化""砍旗""丢刀子"，有的负责同志指示宣传部门对这场讨论要"不表态""不介入"。

这是一个乍暖还寒的季节。伴随着来自各方的压力，真理标准问题的讨论蒙上了一层阴影。

邓小平很快注意到了关于《实践是检验真理的唯一标准》一文的争论。1978年5月30日，邓小平指出："现在发生了一个问题，连实践是检验真理的标准都成了问题，简直是莫名其妙！我们有很多年轻同志不懂得实事求是这个马克思列宁主义、毛泽东思想的根本道理了。"1978年6月2日，邓小平在全军政治工作会议上的讲话中再次强调，毛泽东思想的出发点是实事求是。他直接批评了个人崇拜和教条主义，并号召要"拨乱反正，打破精神枷锁，使我们的思想来个大解放"。1978年7月21日，邓小平在与当时的中央宣传部部长谈话时，提出了明确的要求："不要再下禁令、设禁区了，不要再把刚刚开始的生动活泼的政治局面向后拉了。"1978年7月22日，邓小平同胡耀邦谈话时，明确肯定和支持真理标准问题的讨论。他指出："《实践是检验真理的唯一标准》这篇文章是马克思主义的。争论不可避免，争得好。引起争论的根源就是'两个凡是'"。

邓小平的讲话发表后，关于真理标准问题的大讨论，以万夫难当之势在全国铺开了。真理越辩越明，越来越多的人认识到了当时世情、国情、党情的情况和变化。对此，邓小平说："关于真理标准问题的讨论，的确是个思想路线的问题，是个政治问题，是个关系到党和国家的前途和命运的问题"。

（文/王桢）

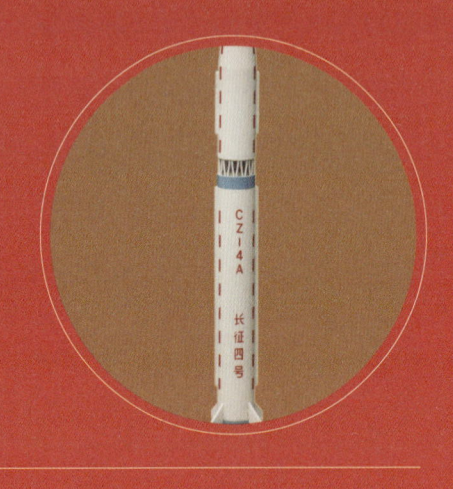

"长征四号"火箭模型

"长征四号"
火箭模型。

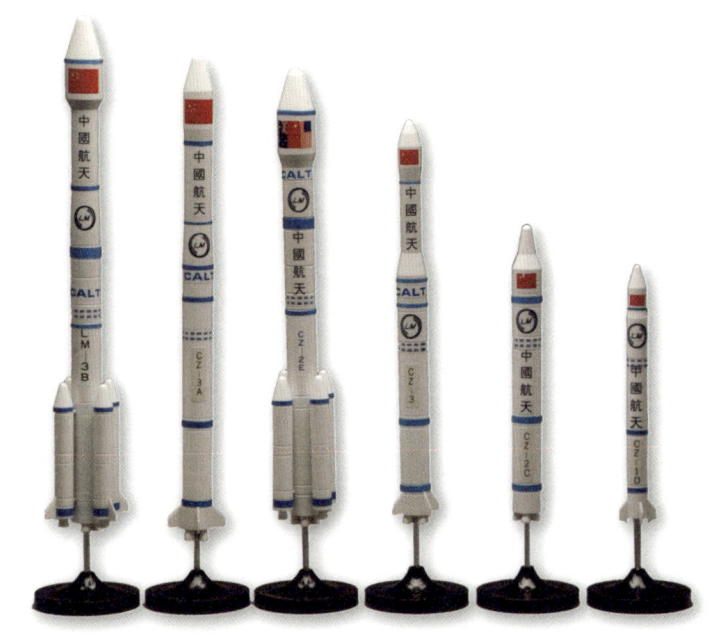

邓小平收藏的其他火箭模型。

  在邓小平的书房里，一直摆放着不少火箭模型，他十分珍爱。1991年2月13日，邓小平来到上海航天局运载火箭总装车间视察。他驻足于"长征四号"运载火箭合练弹前，仔细询问相关情况。他问上海航天局局长苏世："'长征四号'是液体还是固体？"苏世回答："是液体的，固体一般搞武器，现在都是液体的。"邓小平说："我也参加过这个决策。"苏世随即表示："中国航天事业的发展，都是在党中央，在老一代无产阶级革命家开创下才发展起来的"。邓小平却对他说："决策靠我们，我们是政治决策，但

"长征四号"火箭模型 | 193

是把它干出来，还是靠你们。"这时，苏世代表上海航天局向邓小平赠送了一枚"长征四号"的火箭模型。有意思的是，邓小平一边说着"我家里有好多这样的模型"，一边又对新到手的模型爱不释手，回家后更是马上摆上书架，加入了收藏的行列。这些火箭模型既是邓小平的珍宝，也是中国科技事业发展的见证，带给我们的是邓小平心中一个深深的科技梦想。

1978年初，全国科学大会召开，那是在十一届三中全会这个历史转折点之前，可以说是改革开放的前哨战，历史上被称作"科学的春天"。3月18日，邓小平在大会上发表重要讲话："正确认识科学技术是生产力，正确认识为社会主义服务的脑力劳动者是劳动人民的一部分，这对于迅速发展我们的科学事业有极其密切的关系。我们既然承认了这两个前提，那末，我们要在短短的二十多年中实现四个现代化，大大发展我们的生产力，当然就不能不大力发展科学研究事业和科学教育事业，大力发扬科学技术工作者和教育工作者的革命积极性。"邓小平的讲话在6000人的会场内外激起了强烈反响。

20世纪80年代，高新技术的迅速发展影响着世界格局。美国的"星球大战计划"，欧洲的"尤里卡计划"，日本的"今后十年科学技术振兴政策"相继出台，国际舞台开始了新的角逐。面对严峻挑战，中国该如何应对？中国的高层领导人、著名科学家和其他有识之士都在思考这个问题。1986年3月3日，四位著名科学家王大珩、王淦昌、杨嘉墀、陈芳允联合写了一份《关于跟踪研究外国战略性高技术发展的建议》，呈送给邓小平，建议中央：全面追踪世界高技术的发展，制定中国高科技的发展计划。两天后，四位科学家的建议书来到邓小平的案头。当天，邓小平就在这封信上作了批示："这个建议十分重要，请找专家和有关负责同志，提出意见，以凭决策。此事宜速作决断，不可拖延。"4月，全国200多位科学家云集北京，讨论制定《国家高技术研究发展计划纲要》。当时，对高技术项目的选择是以发展国民经济为主，还是以增强军事实力为主，产生了不同意见。4月6日，邓小平在国家科委副主任吴明瑜的来信上作出批示："我赞成'军民结合，以民为主'的方针。"此后，国家科委成立高技术研究发展计划编制小组，组织论证，广泛征求专家意见。10月6日，邓小平审阅该计划的报告和有关文件，作出批示："我建议，可以这样定下来，并立即组织实施（如有缺点或不足，在实施中可以修改和补充）。"11月，中共中央、国务院批准《国家高技术研究发展计划纲要》（以下简称《纲要》），并正式作出决定：拨款100亿元!《纲要》确定从世界高技术的发展趋势和我国的需要及实际出发，选择15个主题项目，分别属于7个领域，包括生物技术、航天技术、信息技术、先进防御技术、自动化技术、能源技术和新材料技术的一些领域，以此作为突破重点，在几个重要的高技术领域跟踪世界水平。这样重大的一个计划，从提出建议到付诸实施，只用了8个多月的时间，既严谨又迅速，这同邓小平的积极推动是分不开的。后来专家提出将这一规划命名为"863"计划，以标志该计划是在1986年3月由邓小平亲自批准。"863"计划自1987年全面铺开，上万名科学家在不同领域，协同合作，各自攻关，很快取得了丰硕成果。并且与"两弹一星"时期不同的是，这一时期的科研成果迅速进入民用领域，直接改善着人们的生活。1991年4月，邓小平为"863"计划题词："发展高科技，实现产业化"，再次为其指明了方向。

对于我国科技事业的各个领域，邓小平都是始终关心，大力支持的，其中就包括称作中国科技史上最大的科研工程——北京正负电子对撞机的建设。高能加速器是用人工方法把带电粒子加速到较高能量的装置，没有这一设施，许多高科技领域的研究工作都无法开展。邓小平多次谈到，科研设施的建设要从最先进的着手，高能加速器就是个重点。1977年10月10日，邓小平在会见美籍华人科学家邓昌黎时做出了决定，我国高能加速器的建设，迅速提上议程，而在具体方案的选择上也颇费思量。1984年10月7日，邓小平来到中国科学院高能物理研究所，为中国首座高能加速器所在实验室北京正负电子对撞机国家实验室奠基。经过几年的奋战，1988年10月16日凌晨，北京正负电子对撞机首次对撞成功，达到了世界实验室的最高水平。10月24日，为了祝贺我国在高科技领域取得的这一重大突破性成就，邓小平再次造访这座外形像一个硕大的羽毛球拍的宏伟科研设施。

那一天，84岁的邓小平兴致勃勃，他先讲了一个故事，有一位欧洲朋友，是位科学家，向我提了一个问题："你们目前经济并不发达，为什么要搞这个东西？"我就回答他，这是从长远发展的利益着眼，不能只看到眼前。随后，邓小平讲道："过去也好，今天也好，将来也好，中国必须发展自己的高科技，在世界高科技领域占有一席之地。这些东西反映一个民族的能力，也是一个民族、一个国家兴旺发达的标志。"如今，北京正负电子对撞机每天都在紧张地运转着，迄今为止仍是该能区亮度最高的对撞机，中国科学院高能物理研究所也位列世界八大高能加速器研究中心之一。2022年，依托北京正负电子对撞机的北京谱仪Ⅲ实验，完成世界上最精确的正反科西超子衰变参数和不对称性测量，为正反物质不对称性的探索开创新的实验方法。诺贝尔奖获得者、著名科学家李政道评价："没有小平同志，就不会有北京正负电子对撞机。而现在不光是'一席之地'，在这个领域里，全世界公认，中国是第一。"

20世纪后半叶，世界浪潮的一个重要变化就是科学理论的发展速度已经超过生产实践的发展，成为生产和技术的先导。结合中国的实际，邓小平有针对性地指出："四个现代化，关键是科学技术的现代化。没有现代科学技术，就不可能建设现代农业、现代工业、现代国防。"为了使东方古国能够快速赶上时代的步伐，邓小平决定进行一次重要的理论突破。1988年9月5日中午，邓小平宴请来访的捷克斯洛伐克总统古斯塔夫·胡萨克。这是一次不同寻常的国宴，因为在餐桌上邓小平发表了一个崭新的论断："马克思说过，科学技术是生产力，事实证明这话讲得很对。依我看，科学技术是第一生产力。"

带砺山河，白首不渝。发展中国自己的科技事业，是邓小平终生未改的夙愿。没有成为科学家的邓小平，却用他的方式为中国在世界高科技领域争得一席之地。

（文 / 周锟）

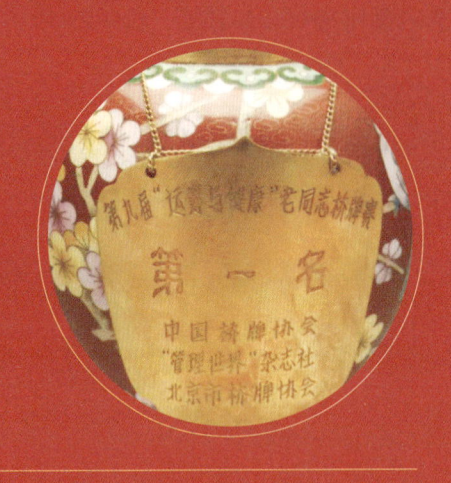

桥牌赛冠军奖杯

第九届"运筹与健康"老同志桥牌赛第一名奖杯。

　　桥牌是一项高级扑克游戏,现在已经成为风靡世界的体育运动。邓小平非常喜爱打桥牌,多次获得冠军奖杯,尤其是在晚年,他把打桥牌当成向自己智力、体力挑战的手段。

　　1952年,当时担任中共中央西南局第一书记的邓小平,在四川内江遇到一位朋友教会了他打桥牌。桥牌运动依靠严密推理、精确计算、正确判断制胜,既能锻炼智力又能考验耐心,这些特点引起了邓小平的浓厚兴趣,从此打桥牌成了他工作之余的爱好之一。

桥牌赛冠军奖杯

晚年邓小平更是把打桥牌视为健脑健身的一项重要活动。作为党的卓越领导人、中国社会主义改革开放和现代化建设的总设计师，邓小平的工作异常忙碌，为国家大计日夜操劳。但举重若轻的他，总不忘忙里偷闲，给自己的业余爱好留一点时间。女儿邓楠回忆说："他工作很有规律，而且劳逸结合，该工作的时候集中精力工作，该休息的时候休息，他这个习惯是做总书记的时候养成的。做总书记的时候，非常累，如果他每个星期没有放松的时候，身体根本就吃不消。"

邓小平桥牌水平很高，他的牌守得紧、攻得狠、叫得准、打得稳、思维敏捷，计算准确。洗牌、发牌、叫牌、打牌、计分，每一步都特别认真，处理得果断、迅速。当牌面情况不明朗或有问题的时候，他会细心地推敲总结，得出结论。邓小平打牌时话并不多，总是全神贯注，偶尔会点支香烟舒缓一下心绪。虽然邓小平也会在激战中冒出几句幽默的话语，但却从不涉及国家政事。邓小平在谈论桥牌时曾说："唯独打桥牌，我才什么都不想，专注在牌上，头脑能充分休息。"夫人卓琳也积极支持邓小平打桥牌。她说："小平同志只有打桥牌时才能得到真正的休息，因为他看电影、看书时都不免想到工作。"这个静中有动、动中有静的牌局，是对紧张工作的很好调剂，让邓小平从千头万绪的工作事务中暂时脱离出来，得到了片刻的惬意。

邓小平打牌平易近人，从不摆架子。牌友王大明和王汉斌回忆邓小平打牌时，都谈到他总按约定时间到场，从不耽误一分钟，因此其他牌友也不敢有所差池，准点到场开局。桥牌是一种智力的竞赛，如果互相说话或让着谁，自然没有乐趣可言。邓小平打牌十分认真，讲究输赢，甚至当自己出错牌时，他也乐于接受他人的批评和意见。所以同邓小平打牌是一件愉快的事情，因为邓小平遵守桥牌规矩。正因为打桥牌"认真、规矩"，从同事到职业高手，邓小平结识了许多牌友。用他自己的话说就是："打牌要和高手打，输了也有味道"。

美籍华人"桥牌皇后"杨小燕应邀担任上海桥牌协会顾问，1981年曾到北京访问。在那次访问中，邓小平在人民大会堂与杨小燕打桥牌，连续四五个小时对阵。邓小平谈笑风生，不但毫无倦意，而且至局终时仍然神采奕奕。邓小平对杨小燕说："我是用游泳锻炼身体，用桥牌来训练脑筋。"

邓小平的牌风给她留下了难忘的印象。杨小燕后来回忆说："在中国领导人中，数邓小平先生打牌最认真。我跟他一共打过4次牌。邓先生打牌思路清晰，牌风稳健，显示出充沛的精力和过人的智慧，这在近80岁的老人中，是十分令人吃惊的。邓先生牌品极好。和他打牌，你会觉得他像个祖父一样。"

从20世纪80年代后期起，邓小平经常以牌会友，切磋牌技，还常组队参加一些友谊赛。1991年，中国女队在日本横滨举行的"威尼斯杯"世界桥牌锦标赛中荣获第三名。回国后，邓小平高兴地在人民大会堂接见了全体队员，勉励她们勤学苦练，继续提高桥牌技术，争取更优异的成绩。

邓小平也是中国桥牌运动的推动者。1978年7月，北京市的桥牌名将周家骝、裘宗沪和郑雪莱联名给邓小平写信，希望在中国开展桥牌运动。邓小平于10月12日批示："请体委考虑。"之后，桥牌运动在中国重新开展起来。1979年初，国家体委开始举办桥牌比赛。1980年，中国桥牌协会成立，并加入了世界桥牌联合会。随着体育改革的不断深化，国家体委还于1994年组建了桥牌运动管理中心，并赋予其对桥牌运动项目的全面管理职能。在短短的十几年时间里，桥牌运动在中国大地蓬蓬勃勃地开展起来，迎来了从普及到提高并全面发展的新时期。

自1984年起，中国桥牌协会举办的历届"运筹与健康"杯桥牌比赛，邓小平只要有空就积极参加。他把比赛的牌手视为朋友，从不以领导人自居，也不要别人照顾或谦让。他在比赛中表现出的出色技巧、超人智慧、平易近人的风范，连同他极有个性魅力的音容笑貌，都铭记在了人们心中。当年中国桥协本来想让邓小平担任名誉主席，他却一定要牌友万里来担任。此后，中国桥协无论遇到什么情况和问题，就向邓小平亲自指定的名誉主席万里请示，每次都会得到圆满的解决。直到1988年7月，邓小平才接受中国桥牌协会的正式聘请，担任中国桥协荣誉主席。

邓小平为中国桥牌事业的发展所起的作用举世公认，也得到了世界桥牌联合会的一再嘉奖。

1981年12月，国际桥牌新闻（记者）协会授予邓小平最高荣誉"高伦奖"。1982年，世界桥联主席帕蒂诺率世界冠军队访华时，慕名想和邓小平较量一场。中国桥牌协会报告邓小平后，邓小平欣然满足了他的这一请求。帕蒂诺回国前问中国桥协秘书长李威："我和邓小平先生打桥牌的事，可不可以向国际桥牌界公布？"得到"完全可以"的回答后，帕蒂诺激动地对世界冠军队说："请大家注意，我和邓小平先生打桥牌的消息可以向全世界公布。"顿时，大家热烈鼓掌。帕蒂诺临上飞机前，又情真意切地对送行的中国桥协官员说："我为你们高兴。邓先生很关心中国的桥牌运动。"

1988年10月，世界桥联在意大利召开的执委会上决定：授予邓小平世界桥联荣誉金奖。颁奖仪式于1989年2月26日在北京人民大会堂举行。帕蒂诺的继任者丹尼斯·霍华德亲自赶到北京。他在颁奖仪式上说："对世界桥联来说，今天是一个不平凡的日子，因为我们为一位伟大的人物颁发了勋章。当世界桥联得知邓小平先生愉快地接受此荣誉金奖时，我们感到十分荣幸和自豪。"1993年6月，世界桥联主席鲍比·沃尔夫向中国桥牌协会荣誉主席邓小平颁发"主席最高荣誉奖"，以感谢他多年来为中国及世界桥牌运动所作出的巨大贡献。

改革开放后,桥牌这项运动在中国得到了普及和发展,中国而今已是亚洲的第一桥牌强国,并且在世界桥坛上享有很高的地位。1997年邓小平逝世后,世界桥联主席乔斯·达米亚尼专门发来唁电,其中说:"邓先生是著名的桥牌爱好者。桥牌界能拥有他这样的朋友,我们感到非常骄傲。在此,我谨代表世界桥联及世界桥牌界致以诚挚的悼念。"

(文/孔昕)

夹克衫

邓小平南方谈话时穿过的夹克衫。

　　位于深圳市福田区的邓小平画像广场，是深圳的标志之一。每年大约有百万以上的游客来到这里与这位世纪伟人合影留念。这幅画像始作于1992年邓小平南方谈话以后，目前已是第四个版本。在这幅画像的第一版画面上，邓小平身着米色的夹克衫，他目光睿智，神采奕奕。

　　1992年初，邓小平把女儿邓榕叫到身边，对她说道："南方的天气不及北方冷，我在这里穿的冬装在那里怕是都穿不上，你去给我买一件夹克衫吧。"这是邓小平第一次主动提出要买衣服，女儿一听非常高兴，连忙把这个消息告诉了全家人。在一番讨论过后，邓榕根据大家的意见，精心挑选了一件夹克衫。邓小平也非常喜欢。可在试穿时，大家发现这件衣服的下摆长了一截。邓榕提出重新买一件，却被勤俭的父亲拒绝了，随后便把夹克衫拿给裁缝裁剪。这件夹克衫纽扣间距都是15厘米左右，裁剪过后，最下面一颗纽扣距离衣服下摆只有几厘米，显得很不协调。不过，邓小平还是很愉快地穿上了这件衣服。后来，邓小平视察南方，在湖北武昌、广东深圳、上海等地发表重要谈话。这件改过的夹克衫跟随他，见证了那些意义深远的历史时刻。

1992年1月17日，农历腊月十三。一列火车从北京开出，向着南方奔驰而去，乘坐的人正是邓小平。此时邓小平已88岁，选择新年伊始出京，他是经过深思熟虑的。

列车到了武昌，湖北省的负责人到火车站台上看望邓小平。邓小平说，现在有一个问题，就是形式主义太多。电视一打开，尽是会议。会议多，文章太长，讲话也太长，而且内容重复，新的语言并不很多。重复的话要讲，但要精简。我建议抓一下这个问题。列车在武昌停留了20多分钟后便继续南行，1月19日上午停在了深圳站的月台。千里迢迢，舟车劳顿，但是邓小平却毫无倦意。他说："到了深圳，我坐不住啊，想到处去看看。"深圳，一座年轻的城市，没有可承袭的传统，没有古老而神奇的传说，但却是中国20世纪末一篇传奇的神话。汽车缓缓地在市区穿行。宽阔的马路纵横交错，成片的高楼耸入云端，到处充满了现代化的气息。邓小平看到这繁荣兴旺、生机勃勃的景象，十分高兴。正如他后来说的：八年过去了，这次来看，深圳、珠海特区和其他一些地方，发展得这么快，我没有想到。看了以后，信心增加了。

国贸中心大厦，高高耸立，直插云霄。这是深圳人民的骄傲。深圳的建设者曾在这里创下"三天一层楼"的纪录，成了"深圳速度"的象征。1992

年1月20日上午，邓小平在省、市负责人陪同下，来到国贸大厦参观。在53层的旋转餐厅，邓小平俯瞰深圳市容，看到高楼林立，鳞次栉比，一派欣欣向荣的景象，很是高兴。他充分肯定了深圳在改革开放和现代化建设中所取得的成绩，语气坚定地说："要坚持党的十一届三中全会以来的路线、方针、政策，关键是坚持'一个中心、两个基本点'。不坚持社会主义，不改革开放，不发展经济，不改善人民生活，只能是死路一条。基本路线要管一百年，动摇不得。"

视察期间，邓小平对省市负责人说，改革开放胆子要大一些，敢于试验，不能像小脚女人一样。看准了的，就大胆地试，大胆地闯。深圳的重要经验就是敢闯。没有一点闯的精神，没有一点"冒"的精神，没有一股气呀、劲呀，就走不出一条好路，走不出一条新路，就干不出新的事业。不冒风险，办什么事情都有百分之百的把握，万无一失，谁敢说这样的话？一开始就自以为是，认为百分之百正确，没那回事，我就从来没有那么认为。

1月23日，邓小平结束了在深圳五天的考察。在蛇口港码头，邓小平登上了海关902快艇，启程到珠海特区考察。快艇劈波斩浪向珠海疾驶而去。舰舱内，广东省委书记谢非打开一张广东省地图，和珠海市委书记、市长梁广大一起向邓小平汇报广东改革开放和经济发展的情况。邓小平戴上花镜，一边看地图，一边听汇报。快艇已接近珠海市九洲港，邓小平站起来，望着窗外烟波浩淼的伶仃洋说，我们改革开放的成功，不是靠本本，而是靠实践，靠实事求是。农村搞家庭联产承包，这个发明权是农民的。农村改革中的好多东西，都是基层创造出来，我们把它拿来加工提高作为全国的指导。实践是检验真理的唯一标准。我就是相信毛主席讲的实事求是。过去我们打仗靠这个，现在搞建设、搞改革也靠这个。我们讲了一辈子马克思主义，其实，马克思主义并不玄奥。马克思主义是很朴实的东西，很朴实的道理。

快艇行驶了一个多小时后靠岸，邓小平踏上了阔别了8年的珠海大地。

珠海，已经成为一座充满现代气息的花园式海滨城市。梁广大在车上边陪邓小平浏览珠海城市景观边介绍珠海这些年来的建设发展情况。邓小平边听边看，不断地点头表示赞许："这样搞很漂亮，有自己的特点。"他幽默地说："这里很像新加坡呀，这么好的地方谁都会来，我要是外商的话，我也会来这里投资的。"

高科技企业，是珠海经济特区的主要产业之一。在珠海特区的7天里，邓小平一连考察了几个高科技企业。1月25日上午，邓小平来到珠海市高新技术企业亚洲仿真系统工程有限公司参观。公司总经理游景玉向他详细介绍了公司的科研、生产和科技队伍等情况。当游景玉汇报到亚仿公司走的是一条科技、生产、效益相结合的道路时，邓小平问道："科学技术是第一生产力的论断，你认为站得住脚吗？"游景玉回答说："我认为站得住脚，因为我们是用实践来回答这个问题的。我们过去的实践、现在的实践和未来的实践都会说明这个问题。我相信它是正确的。"邓小平深情地说："希望所有出国学习的人回来。不管他们过去的政治态度怎样，都可以回来；回来我们妥善安排。起码国内相信他们。告诉他们，要做贡献，还是回国好。"

看着机房内先进的技术设备和良好的工作条件，邓小平颇有感慨地对科技人员说："要提倡科学，靠科学才有希望。近十几年来我国科技进步不小，希望在90年代，进步得更快。每一行都树立一个明确的战略目标，一定要打赢。高科技领域，中国也要在世界占有一席之地。"看着正在研制的两套火电站仿真机，邓小平高兴地说："我是看新鲜。要发展高新技术，越新越好，越高越好，越新越高，我们就高兴。不只我们高兴，人民高兴，国家高兴！"

在返程路上，邓小平反复对省市负责人说："要不断造就人才，只要有了人才，事业就兴旺。真高兴看到这样年轻的科技队伍，中国有希望啊！"参观完亚洲仿真公司，邓小平一行来到拱北地区的芳园大厦，乘电梯上到29层的旋转餐厅，他一边观赏窗外的拱北新貌和澳门风光，一边听取谢非、梁广大的汇报，同他们交谈。他说，这十年真干了不少事。我国发展这么快，使人民高兴，世界瞩目。这就足以证明三中全会以来路线、方针、政策的正确性，谁想变也变不了。说来说去，就是一句话：坚持这个路线方针不变。

邓小平在视察南方过程中发表的许多重要谈话，对中国的改革开放，对整个社会主义现代化建设事业，都有着重大而深远的意义。对于邓小平本人来说，南方谈话相当于自己最后的政治交代。美国外交家基辛格在其《论中国》一书中说："邓小平南方视察几乎产生了神话般的意义，他的讲话成了中国后来20年政治经济政策的蓝本。甚至今天，中国的广告牌上还展示着邓小平南方视察时的形象和话语，包括他的名言'发展才是硬道理'。"邓小平在视察时穿着的夹克衫，如今已经放置在了邓小平故居陈列馆的展厅中。

一晃20年过去，2012年12月7日至11日，党的十八大闭幕不久，新当选为党的总书记的习近平，第一次到地方考察就选择了广东。习近平强调，如果没有邓小平同志指导我们党作出改革开放的历史性决策，我们国家要取得今天的发展成就是不可想象的。可以说，改革开放是我们党的历史上一次伟大觉醒，正是这个伟大觉醒孕育了新时期从理论到实践的伟大创造。中国发展的实践证明，当年邓小平同志指导我们党作出改革开放的决策是英明的、正确的，邓小平同志不愧为中国改革开放的总设计师，不愧为中国特色社会主义道路的开创者。今后，我们要坚持走这条道路，这是强国之路、富民之路。我们不仅要坚定不移走下去，而且要有新举措、上新水平。

（文／周锟）

仙湖植物园高山榕

1992年，邓小平在深圳仙湖植物园种植高山榕。

    1992年1月22日上午，广东省深圳市阳光明媚，空气清新。正在南方视察的邓小平，来到了深圳仙湖植物园。他们一行人首先参观室内观赏区的植物，然后一起走到湖边一片开阔的草地。在有人介绍一棵树叫"发财树"时，邓小平说："让全国人民都种，让全国人民都发财。"在湖边不远处，邓小平种植一棵长青树高山榕，还和小孙子一起提起水桶浇水。高山榕是一种亚热带植物，桑科榕属，是广东省的代表树种之一，易成活，生长快，树龄长，树冠大，树干高耸、挺拔，四季长青。自从邓小平在植物园种下高山榕后，慕名而来的群众络绎不绝，兴起一股种高山榕的热潮，仙湖植物园的知名度也大大提高。

在1月21日的上午，邓小平前往游览华侨城的中国民俗文化村和锦绣中华微缩景区。中华民俗文化村，是深圳人按照中国众多少数民族各具特色的生活建设的体现各民族民俗特色的村落，是集民间艺术、民族风情、民居于一园的大型游览区。根据邓小平事前的嘱咐，当天景区照常开放，邓小平参观时已经有一些游客在场。在锦绣中华微缩景区，邓小平在"天安门"前走下电瓶车，观赏"故宫"的景色，还走到旁边的小卖部，饶有兴趣地欣赏玻璃柜内的纪念品。经过"乐山大佛""云南大理三塔""桂林山水"等景点时，他说："这些地方我都去过。"快到11点，邓小平来到一座小山上的"布达拉宫"前参观。这座仿真的宫殿红墙金顶，顶部与真的布达拉宫一样用黄金箔贴成。邓小平看了一会儿说："中国其他地方我都去过了，就是没有到过西藏。"于是，一向不爱照相的邓小平分别同家人、身边工作人员及陪同人员在这里合影留念，像是了结一桩心愿。

在当天往返的车上，邓小平听取了深圳市扶持贫困地区情况的汇报，他得知：1990年深圳成立了合作发展基金，每年都按固定的比例从财政收入中划出一部分作为这种基金，主要为贫困地区的"造血"型项目提供资金扶持，已取得比较好的成效。他还得知中国民俗文化村、锦绣中华这两个景区不但社会影响大，经济效益也很好，还实现了来自全国各地尤其是少数民族地区的上千人就业，实际也是帮助西部一些地方脱贫。这些所见所闻触动了邓小平，他表示赞同，并在这里阐发了他长期以来关于共同富裕问题的思考："走社会主义道路，就是要逐步实现共同富裕。共同富裕的构想是这样提出的：一部分地区有条件先发展起来，一部分地区发展慢点，先发展起来的地区带动后发展的地区，最终达到共同富裕。如果富的愈来愈富，穷的愈来愈穷，两极分化就会产生，而社会主义制度就应该而且能够避免两极分化。解决的办法之一,就是先富起来的地区多交点利税,支持贫困地区的发展。当然,太早这样办也不行,现在不能削弱发达地区的活力,也不能鼓励吃'大锅饭'。什么时候突出地提出和解决这个问题,在什么基础上提出和解决这个问题,要研究。可以设想,在本世纪末达到小康水平的时候,就要突出地提出和解决这个问题。到那个时候,发达地区要继续发展,并通过多交利税和技术转让等方式大力支持不发达地区。不发达地区又大都是拥有丰富资源的地区,发展潜力是很大的。总之,就全国范围来说,我们一定能够逐步顺利解决沿海同内地贫富差距的问题。"听到这些话,在场的人都热烈地鼓起掌来。这些话后来成为著名的南方谈话中的重要内容。

1978年底,邓小平在《解放思想,实事求是,团结一致向前看》的讲话中提出:"在经济政策上,我认为要允许一部分地区、一部分企业、一部分工人农民,由于辛勤努力成绩大而收入先多一些,生活先好起来。一部分人生活先好起来,就必然产生极大的示范力量,影响左邻右舍,带动其他地区、其他单位的人们向他们学习。这样,就会使整个国民经济不断地波浪式地向前发展,使全国各族人民都能比较快地富裕起来。"邓小平关于共同富裕的思考,首先针对平均主义的严重弊端,以"允许先富"为手段,目标是"使全国各族人民都能比较快地富裕起来",并且从一开始就包含着对"产生剥削阶级"的警惕,这与之后"消除两极分化"的观点有重要联系。

邓小平正式提出共同富裕是1984年11月9日会见意大利外宾时指出的:"我们党已经决定国家和先进地区共同帮助落后地区。在社会主义制度下,可以让一部分地区先富裕起来,然后带动其他地区共同富裕。在这个过程中,可以避免出现两极分化(所谓两极分化就是出现新资产阶级),但这不是要搞平均主义。经济发展起来后,当一部分人很富的时候,国家有能力采取调节分配的措施。"这时他主要着眼于解决区域差异的问题,在具体提法上设定了"在社会主义制度下"的前提,明确"让一部分地区先富裕起来"

的主要内容，提出"带动其他地区共同富裕"的目标，还指出实现"共同富裕"的两大障碍："两极分化"与"平均主义"。1984年《中共中央关于经济体制改革的决定》首次以党中央文件的形式正式提出："只有允许和鼓励一部分地区、一部分企业和一部分人依靠勤奋劳动先富起来，才能对大多数人产生强烈的吸引和鼓舞作用，并带动越来越多的人一浪接一浪地走向富裕。"最初，邓小平给"两极分化"的界定是"所谓两极分化就是出现新资产阶级"，后来他将其调整为："我们的政策是不使社会导致两极分化，就是说，不会导致富的越富，贫的越贫。"邓小平相信："我们的社会主义政策和国家机器有力量去克服这些东西。"

20世纪80年代末90年代初，邓小平逐步提出关于共同富裕问题的最终设想。1990年12月24日，他第一次指明："社会主义最大的优越性就是共同富裕，这是体现社会主义本质的一个东西。"同一年，邓小平在另一个场合谈道："社会主义的一个含义就是共同富裕。"实现共同富裕的途径和具体措施上，他不再从阶级关系而主要从分配角度考虑"消除两极分化"问题，总的方向是调节分配，包括消除区域差别和群体差别。在南方谈话中，邓小平使其共同富裕思想达到了成熟的理论形态。他将"消除两极分化，最终实现共同富裕"纳入社会主义本质的范畴，既标志着共同富裕思想的正式形成，又预示着新一轮探索的开始。邓小平认为，共同富裕问题将在未来成为社会的核心命题，他晚年说：实现共同富裕，防止两极分化，"要利用各种手段、各种方法、各种方案来解决这些问题"。多年以后来看，社会发展实际完全符合他的判断。

2012年12月8日，党的十八大召开不久。深圳莲花山公园，游客络绎不绝，中共中央总书记习近平来到这里，接见了当年参与特区建设和1992年陪同邓小平视察南方的几位老同志，向伫立在山顶的邓小平铜像敬献花篮。俯瞰深圳市的繁荣景象，习近平感慨地说，我们来瞻仰邓小平铜像，就是要表明我们将坚定不移推进改革开放，奋力推进改革开放和现代化建设取得新进展、实现新突破、迈上新台阶。离开莲花山前，习近平挥锹铲土，同邓小平当年一样，种下了一棵高山榕树。后来，习近平在党的十九大宣布，中国特色社会主义进入新时代，这个时代是"逐步实现全体人民共同富裕的时代"，"我国社会主要矛盾是人民日益增长的美好生活需要和不平衡不充分的发展之间的矛盾，必须坚持以人民为中心的发展思想，不断促进人的全面发展、全体人民共同富裕"；到2035年，我们要实现"全体人民共同富裕迈出坚实步伐"；到21世纪中叶，我们要达到"全体人民共同富裕基本实现"。

（文 / 周锟）

"希望工程"收据

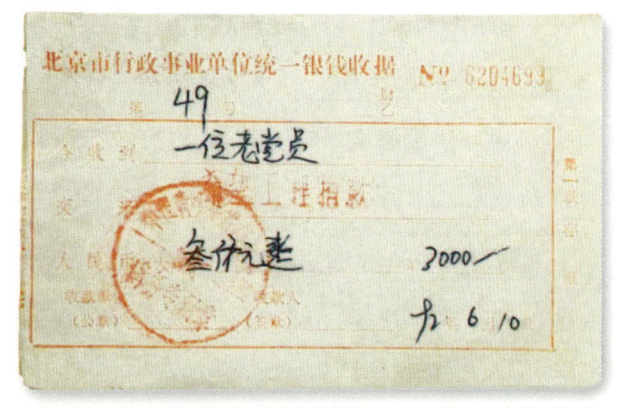

邓小平为"希望工程"捐款的收据。

"一位老共产党员"的捐款

  1989年10月，中国青少年发展基金会发起了旨在救助贫困地区失学儿童重返校园的"希望工程"，得到了邓小平的高度关注和支持。1990年，邓小平欣然题写了"希望工程"四个大字。1992年4月16日，为了动员更多的人参与"希望工程"，邓小平的题词在《人民日报》上发表，由此揭开了"希望工程百万爱心行动"的序幕。

  1992年6月10日，中国青少年发展基金会的捐款办公室来了两个年轻人，他们告诉工作人员自己受一位老人之托，来为"希望工程"捐款，说着放下 3000 元钱，转身就走。

90 年代的 3000 元可不是小数目，办公室的工作人员赶紧伸手拦住他们："同志，捐款要有个登记手续，请留下那位老人的名字。"两个年轻人面露难色，坚持不肯透露。工作人员只能一再称按规定必须留下捐款人的名字，为后人留下一份责任与爱心的清单。两人犹豫了一会儿，最终，其中一人在单子上签上了"一位老党员"五个字。写完后，两人赶紧离开了，且拒绝了工作人员相送出门。到了这年 10 月，这两个"神秘"的年轻人又来到基金会，拿出 2000 元要捐赠给"希望工程"，仍然留下了"一位老党员"的签名。

好在这次办公室的工作人员机敏，请一位同事悄悄跟出去，记下了两人的车牌号码。经过多方查询，工作人员终于得知这两个年轻人是邓小平身边的工作人员，而那"一位老共产党员"正是邓小平。

经过研究，希望工程最后决定把这 5000 元全部分配到邓小平 20 世纪 30 年代领导创建红七军、红八军的地方——百色地区，援建了当地第一所希望小学——百色地区平果县希望小学。邓小平的捐款让 25 名失学儿童重返校园。受到资助重新背起书包的孩子们，给邓小平写了一封信：

敬爱的邓爷爷，您好！

我们是百色地区平果县希望小学的学生，当我们得知您以"一位老共产党员"的名义向希望工程捐赠了 5000 元钱，又知道中国青少年发展基金会把这笔钱用于救助我们百色革命老区的失学孩子时，我们激动得哭了。我们感到，虽然您住在北京，离我们好远好远，但您的心与我们贴得好近好近。我们一定不辜负邓爷爷的亲切关怀和期望，珍惜学习机会、好好学习，长大把家乡建设得更新更美。

外人不知道的是，其实这并非邓家第一次为"希望工程"捐款。最早的一次其实是邓小平号召家里的孩子们省下零用钱为"希望工程"贫困山区的孩子们捐款。于是,在爷爷的号召下,孙辈们把自己存下的零用钱全都拿了出来,一毛的,几分的,攒了一堆,最后攒了310块,全都捐给了"希望工程"。后来,卓琳和几个子女也都在邓小平的号召下,陆续多次为"希望工程"捐款。1997年,外孙女羊羊还去了中国青少年发展基金会做了志愿者。

对希望工程的关注,源于邓小平对孩子的关爱。女儿邓榕曾经说过,看邓小平的照片,他什么时候最深情?就是当他看着孩子的时候,看着自己家孩子的时候如此,看着别人的孩子也是如此。邓小平亲吻孩子的照片很多。在接见外宾的时候,如果有孩子邓小平就会亲吻孩子。在国内视察的时候,无论工人、农民,或者碰见市民,只要有孩子的场合,他都要抱着孩子亲吻一下。对孩子的喜爱邓小平是由衷的,发自内心的,他从不掩饰这种喜爱。

在邓小平看来,孩子是国家的未来和民族的希望,他始终坚信这一点,并始终将希望寄托在下一代的身上,关爱他们的成长。

1977年8月,邓小平在科学和教育工作座谈会上的讲话中,针对当时的教学质量强调:"教育只抓大学不行。不抓中小学,好的苗子从哪里来?好多知识,要从小学开始打好基础。像语文、算术、外文,就要从小学抓起。"会后,邓小平要求教育部尽快"组织一个很强的班子"编出一套统一的中小学教科书,从1978年秋季起供应全国,保证"课前到书,人手一册"。1978年4月,邓小平在全国教育工作会议开幕式上再次重申:"我们要在科学技术上赶超世界先进水平,不但要提高高等教育的质量,而且首先要提高中小学教育的质量,按照中小学生所能接受的程度,用先进的科学知识来充实中小学的教育内容。"

1979年10月至12月,首届全国青少年科技作品展览在北京举行,这一青少年科学盛会首次展出了青少年科技作品近3000件。邓小平闻讯,欣然为展览题词，挥毫写下"青少年是祖国的未来，科学的希望"。1980年5月，邓小平为团中央主办的《中国少年报》和《辅导员》杂志题词，勉励少年儿童"立志做有理想、有道德、有知识、有体力的人，立志为人民作贡献，为祖国作贡献，为人类作贡献"。后来又完善为大家熟悉的"有理想、有道德、有文化、有纪律"的"四有"新人。

1984年，上海微电子技术应用汇报展览会在上海少年宫举办。当时，有几个孩子在电脑前为观众进行演示。邓小平走到其中一个孩子身后停住脚步，饶有兴趣地观看孩子们熟练的操作。按计划，邓小平等领导人在孩子们的展台前会停留1分钟左右，最后邓小平却停留了6分钟。演示完毕，邓小平和蔼地抚摸着其中一个孩子的头，对身边的工作人员坚定地说道："计算机普及要从娃娃抓起。"要知道，在20世纪80年代的中国，"计算机"还是一个非常新鲜的名词，让娃娃们来实现它的普及工作，可谓寄托无限期望。类似的观点，邓小平还提出过不少，比如足球要从娃娃抓起、教育要从娃娃抓起等。1985年，邓小平在全国教育工作会议上深刻地指出："现在小学一年级的娃娃，经过十几年的学校教育，将成为开创21世纪大业的生力军。中央提出要以极大的努力抓教育，并且从中小学抓起，这是有战略眼光的一着。"

邓小平一生都十分关心青少年及青少年的教育培养，因此2004年1月，在邓小平诞辰100周年之际，邓小平的夫人卓琳致信中央，表示遵照邓小平同志遗愿，拿出全部142万元稿费，用于设立中国青少年科技创新奖励基金，旨在激励青少年努力学习科技知识，从小培养创新精神和创新能力。邓小平的女儿邓楠曾谈到设置基金的初衷："父亲是如此重视青少年的成长和发展，作为家人，我们应该反映父亲的真实愿望，将他留下的稿费用在青少年身上，提高他们的综合素质。"

2004年5月3日，新华社发布消息：由邓小平同志亲属倡议，团中央、全国青联、全国学联、全国少工委共同设立中国青少年科技创新奖励基金。主要奖励在校大、中、小学生，每年奖励 100 人左右。邓楠说："之所以将这项基金放在团中央，是希望依托共青团组织活跃的青少年活动，让更多的青少年成长成才。"如今，这个基金会已经成立近 20 年，帮助许多孩子抵达了科学梦想的彼岸，更为我国科技事业的发展奠定了人才基础。

（文 / 叶帆子）

88岁的生日礼物

1992年邓小平88岁生日时孙辈赠送的生日礼物。

在邓小平位于米粮库旧居的办公桌上，摆放着一组鲜活可爱的卡通形象的小猪布偶玩具，这是孙辈送给邓小平的生日礼物。按照孙辈们的说法，两只大猪中戴红帽子的代表爷爷，头上戴一朵花的代表奶奶。大猪前面的五只小猪，则代表了爷爷奶奶的五个孩子们。这套可爱的布偶玩具，象征着一个和美团结的大家庭。

邓小平的大女儿邓林在《我爱我的父亲》中曾写道：他是一位生活在我们中间、有血有肉、感情真挚、充满旺盛生命力的人。他是一位好爸爸、好爷爷、好丈夫、好儿子。晚年的邓小平享受着传统中国人憧憬的"四世同堂",上有老祖夏伯根,下有孙子孙女,老老少少十几口人。每天晚饭,一大家人就聚在一起边吃饭边聊天。邓小平从不发表意见,只是默默吃饭。但他喜欢这种轻松活泼、温暖融洽的家庭气氛。有时饭桌上少了几个人,大家说话少了,他就会说:"哎呀!今天怎么这么冷冷清清呢?"

邓小平和夫人卓琳从1939年到1997年,携手相伴走过58个春秋。在超过半个世纪的岁月里,他们经历炮火洗礼,饱尝境遇沉浮,同甘苦,共患难,始终陪伴在彼此身边。在邓家孩子们的眼里,爸爸是"核心",妈妈是"中心"。除了在工作上协助邓小平,家里的柴米油盐、子女教育,大小事务也都由卓琳操持。大女儿邓林说:"在家里,爸爸从不干涉妈妈的具体工作。上世纪50年代到60年代爸爸有10年当总书记,特别忙。我妈妈真是个好帮手,把家里料理得好好的。"

在邓家,有一位被家人们尊称为老祖的老人,她是邓小平的继母夏伯根。1926年,邓小平的生母淡氏病故。后来邓小平的父亲娶了一位姓夏的女子为妻,这就是邓小平的继母夏伯根。

1936年邓小平的父亲病故后,夏伯根就一直寡居在家。兵荒马乱的生活,磨炼了夏伯根老人坚强的性格。她虽然不识字,但是一生的坎坷境遇,使她养成了深明大义、明理豁达的性格。1950年,重庆解放后,当邓小平这位素未谋面的儿子派人来接她的时候,夏伯根只拿着随身的小包裹,就锁上家门跟着走了。1952年,邓小平调到北京工作,夏伯根也跟着邓小平一家搬到了北京,此后一直生活在一起,成为邓家重要的家庭成员,她是邓小平夫妇料理家务的好帮手,被邓家的儿女们誉为邓家的"特等功臣",毛毛、飞飞和几个重孙子都是她一手带大的。

1966年,邓小平受到错误批判和斗争,被剥夺一切职务。1967年9月的一天,中南海造反派和中共中央办公厅派人到邓小平家中宣布,邓小平的子女立即回学校,继母夏伯根立即回四川老家。考虑到老家没人能照顾老人,经过邓小平力争,夏伯根被同意留在北京,和邓小平的子女一起被安排住在宣武门外的一处简陋房子里。邓小平夫妇则继续留在中南海住宅交代问题,接受批斗。据邓榕在《在江西的日子里》一文中回忆:"'文革'开始以后,她和我们几个孩子一起被扫地出门,从家里撵了出来。她毅然担起全家在逆境中求生存的重担。在那风风雨雨的日子里,她受尽了屈辱、歧视。但她坚强镇定,不畏艰难,成为我们几个孩子生活的中心。"1969年10月,夏伯根与邓小平夫妇一起前往江西。三个老人相互体贴,相互照顾,相依为命,走过了那段艰辛的岁月。1973年,邓小平第二次"复出",夏伯根也跟随邓小平、卓琳回到北京,从此和邓小平一家生活在一起,直到2001年去世。

除了尊敬老人,邓小平还特别喜爱孩子。他有一句名言,没有小孩家里就没有生命。在工作中雷厉风行的他,在生活中却和天底下任何一个普通慈祥的父亲一样。在几个儿女还小的时候,邓小平就非常关心孩子们的学习和生活,每到期末考试结束,他就会像其他家长一样要检查每个孩子的成绩单,看看孩子们在学校的表现。孩子们小的时候念的是寄宿学校,学校曾经因为发生流感而取消了周末放假,所有孩子都不能回家。这时的邓小平即使工作再忙,也一定会在每个星期抽出空来带些孩子们爱吃的东西,到学校来看看他们。

小女儿邓榕的回忆则更加细节:"我们家的孩子有一个习惯,就是睡觉的时候一定要盖得严严的,这个习惯是父亲给我们养成的。因为我们从小睡觉,父亲都要来看我们,每次看我们的时候,都要把我们的手放在被子里面,把被子塞得严严的,说不要着风,怕我们生病。"邓小平虽然不爱说话,但他对子女们的爱就深藏在这些生活细节的点滴之中。

父爱如山。在平日的生活里,父亲的爱如同和煦的阳光温暖着孩子;而当狂风暴雨袭来之时，父亲则站成了一棵大树，尽力伸展着枝丫以保护孩子们免遭风吹雨打。当"文化大革命"的风暴袭来，邓家的子女们四散各地，被迫与孩子们分离的邓小平只有通过给中央写信，给毛主席写信，尽力为孩子们做点事情。这些信中，有向中央申请增加与子女见面机会的书信，也有申请增发生活费以贴补子女路费的书信。在信中，邓小平除了申明有关的政治问题外，但凡有所要求次次都是为了他的孩子们。在这些信的字里行间，透露出邓小平如同天下任何一个普通的父亲一样的心情，充满了对孩子们的牵挂与惦记。

　　邓小平曾说，家庭是个好东西。这是他切身的体会，尤其在他遭遇挫折与坎坷之后更是这样。幸福融洽的家庭给邓小平提供了坚实的精神后盾和温暖的情感港湾，这种温暖不断地转化成为邓小平在革命、建设与改革征途上披荆斩棘的自信与动力。

（文／叶帆子）

鸭舌帽

邓小平晚年戴过的鸭舌帽。

1993年12月13日，年近90岁高龄的邓小平戴着一顶鸭舌帽冒着冬雨，登上刚刚建成的上海杨浦大桥，眺望浦东。这是他最后一次来上海，也是他最后一次到外地视察。1920年，邓小平从上海登上邮轮，奔赴遥远的欧洲寻找救国之路，并且留下了一张戴着鸭舌帽的照片。那是他第一次到上海，也是他第一次接触大千世界。

1990年1月21日，邓小平从北京乘火车驶向上海，这是他1979年以来第七次到上海。当时，中国正遭受以美国为首的西方国家的经济"制裁"，国内外、党内外对改革开放政策的怀疑之声不绝于耳。中国该怎么打破困局？邓小平的心情并不轻松。

到达上海以后，邓小平没有出门。1月28日，大年初一，上海少有地下了一场瑞雪。这天上午，邓小平委托同他一起来的老战友、国家主席杨尚昆代表他听取上海市委的汇报。为了便于会后向邓小平汇报，杨尚昆专门带了一个笔记本，但是直到汇报结束，他却一个字也没有记。当时参与汇报的时任上海市委常委秘书长王力平回忆："尚昆同志一个字都没记，就在这儿笑眯眯地听，说完了以后呢，快到12点了，他说是不是有时间，再聊一聊。1989年以后外国人说我们要收啦，我们要向'左'转啦，不搞改革开放。小平同志说，做点什么事情，证明我们没有收，没有向'左'转，上海的同志，你们想一想。"邓小平的要求，令上海市委领导颇感意外。几天后，上海市委再次向杨尚昆等人作了汇报，汇报的内容包括多年来上海市几届领导班子关于重振上海的各种设想，其中的一个重点就是开发浦东。杨尚昆把上海方面开发浦东的设想详细汇报给邓小平，邓小平表示赞同，但没有提出具体意见。2月13日晚，邓小平准备启程返回北京，经过几天的思考，他已经下了一个决心。在乘中巴车前往火车站途中，他突然转过身，对时任上海市委书记朱镕基说："开发浦东，我赞成。你们去向江泽民同志汇报，说我赞成这件事。"邓小平还鼓励朱镕基："从80年代到90年代，我就在鼓动改革开放这件事。你们胆子也要大一点。怕什么！"他总结性地说："我已经退休了，但在关键时刻，我活着还有点用处。开发浦东，你们搞晚了，但现在搞也快。"

2月17日上午，邓小平在人民大会堂福建厅会见出席香港特别行政区基本法起草委员会第九次全体会议的委员。抓住会见前不多的时间，他把江泽民、杨尚昆、李鹏等几人叫到一起，开门见山地说："上海要搞浦东开发区，可以引进资金和先进技术，是发展经济的一条捷径，应该支持一下。"

江泽民接过话题表示："我们一定抓紧办，抓紧开发。"邓小平还特别交代李鹏："你是总理，浦东开发这件事，你要管。"

几天后的3月3日，邓小平在与中央负责同志的谈话中再次强调："上海是我们的王牌，把上海搞起来是一条捷径。"3月下旬，国务院副总理姚依林率领国务院有关部门负责人再一次来到上海，为浦东开发问题作为期10天的深入调研。在上海期间，姚依林向上海市领导特别转达了邓小平的意见：对于浦东，不仅要开发，还要开放。

4月10日，中南海怀仁堂，国务院召开办公会议听取姚依林的汇报，对浦东开发开放的若干问题逐个进行研究。两天后，同一个会场，中共中央政治局会议原则通过国务院提交的浦东开发方案。不到一周，4月18日，李鹏在上海向世界公开宣布：加快上海浦东地区的开发，在浦东实行经济技术开发区和某些经济特区的政策。并且指明：这是我们为深化改革、扩大开放作出的又一重大部署。4月30日，上海市政府召开新闻发布会，朱镕基宣布了开发浦东的10条政策。从邓小平的内部提议到公开宣布，前后不到两个月时间。

开发开放浦东的决策一经公布，首先打消的是国外对中国未来走向的疑虑。7月15日，美国《纽约时报》记者纪思道这样写道：中国正在建立亚洲的金融中心，同时向世界证明，它仍然未关闭对世界的大门。

1991年1月27日，邓小平的专列再次出发，前往上海。与往年不同，这一次邓小平特别提出，要到几个企业去看一看。2月6日上午，邓小平视察位于上海嘉定安亭的上海大众汽车有限公司。看着一辆辆新车从流水线上下来，邓小平说："如果不是开放，我们生产汽车还会像过去一样用锤子敲敲打打。"他坚定地说，开放不坚决不行，现在还有好多障碍阻挡着我们，说"三资"企业不是民族经济，害怕它的发展，这不好嘛。发展经济，不开放是很难搞起来的。改革开放还要讲，我们的党还要讲几十年。会有不同意见，但那也是出于好意，一是不习惯，二是怕，怕出问题。光我一个人说话还不够，我们党要说话，要说几十年。邓小平离开上海大众，途经外滩时，朱镕基指着被喻为"万国建筑博览群"的外滩大楼说，新中国成立以前这里是银行大楼，新中国成立以后是政府办公楼，有些楼现在可以租赁给外国人设银行、办商业，但又有顾虑，有些人担心这和上海的旧租界差不多了。邓小平毫不犹豫地说："要克服一个怕字，要有勇气。什么事情总要有人试第一个，才能开拓新路。试第一个就要准备失败，失败也不要紧。希望上海人民思想更解放一点，胆子更大一点，步子更快一点。"在视察中，邓小平还专门谈到了计划与市场的问题，他明确地说："不要以为，一说计划经济就是社会主义，一说市场经济就是资本主义，不是那么回事，两者都是手段，市场也可以为社会主义服务。"

关于开发开放浦东，通过几天的视察，邓小平更加确信。在市中心新锦江酒店的41层旋转餐厅，邓小平听取了浦东开发的规划，他进一步鼓励上海人民："我们说上海开发晚了，要努力干啊！浦东如果像深圳经济特区那样，早几年开发就好了。开发浦东，这个影响就大了，不只是浦东的问题，是关系上海发展的问题，是利用上海这个基地发展长江三角洲和长江流域的问题。抓紧浦东开发，不要动摇，一直到建成。"

1992年的春天，在视察武昌、深圳、珠海后，邓小平再次来到上海，并发表一系列重要讲话，是南方谈话中的重要篇章。1993年的春节，邓小平也是在上海过的，与过去两年相比，这位老人的心情要平静许多。他在团拜会上说："我向大家拜年，并通过你们向全体上海人民，首先是上海工人阶级拜年。上海人民在1992年做出了别人不能做到的事情。"在即将返回北京的时候，他再次找上海市的领导谈话。邓小平谈的重点是上海要抓住机遇，从现在开始到2010年是难得的机会，不要丧失了。

1993年、1994年之交，邓小平最后一次来到上海，戴着鸭舌帽的他如愿以偿地登上世界跨度最大的斜拉桥——杨浦大桥。元旦那天晚上，邓小平来到新锦江酒店的顶层。俯瞰着浦东开发区的璀璨夜景，他用平静却饱含深情的语气缓缓说道："上海变了。"此时，上海经济正以平均两位数的速度快速增长着，浦东经济的年平均增长达到了19.6%。上海恢复了"远东第一都市"的荣光，向国际社会递上了一张世界级的名片。

（文／周锟）

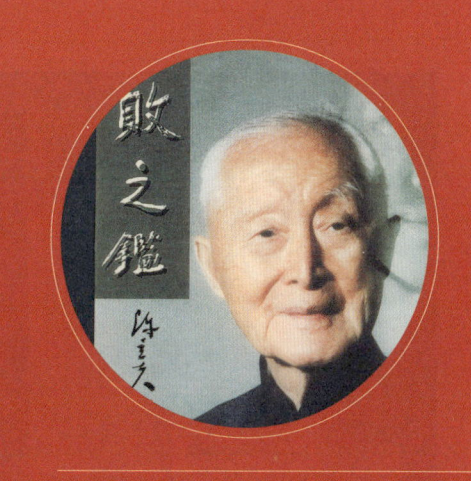

来自海峡对岸的生日礼物

邓小平 90 岁生日时陈立夫送的一本书——《成败之鉴》。

1994 年邓小平 90 岁生日时,海峡对岸台湾送来了一个很特殊的礼物,这是一本书,书名是《成败之鉴——陈立夫回忆录》,扉页写着"祝贺邓小平九十寿辰",落款是"陈立夫",时间是"1994 年 8 月"。现在这本书被放在邓小平故居陈列馆的橱窗里,默默地讲述着邓小平与台湾人士的交往和他为促进祖国统一做出的努力。

陈立夫,来自大家耳熟能详的民国四大家族"蒋宋孔陈"中陈氏家族。从大革命时期起,陈家同蒋家就有深厚的关系,晚年陈立夫一直致力于两岸统一，倡导"以中国文化统一中国"，倡议进行国共第三次合作。《成败之鉴》是陈立夫晚年的回忆录，1994年由台湾正中书局出版，正中书局是出版国民党党务图书的中央出版社，20世纪30年代在上海一直由陈立夫主管。该书在台湾非常受欢迎，第一版在面世当月就脱销了，马上又印发了第二版。书的内容是陈立夫对自己一生的回忆，也是对国民党历史的记录，更是对国民党和蒋介石政治成败的反思。陈立夫在邓小平90大寿之际把自己的回忆录作为礼物送给他，既是对邓小平致以问候，也表达了他对祖国统一的渴望和共鸣。

改革开放新时期，为了创造和平稳定的国际环境、更好地解决台湾问题，邓小平提出从现实出发考虑解决台湾问题的政策，使用"和平解决台湾问题"的提法替代"解放台湾"的说法，并提出了"和平统一、一国两制"的大政方针，寄希望于台湾当局和台湾人民，解决台湾问题进入了一个新的阶段。1979年元旦，全国人大作出停止炮轰金门，发布《告台湾同胞书》的决定。这一天，邓小平在全国政协的新年座谈会上提出把台湾问题作为1979年的三件大事之一提上议事日程。邓小平说："今天是1979年元旦，这是个不平凡的日子。说它不平凡，不同于过去的元旦，有三个特点：第一，是我们全国工作的着重点转移到四个现代化建设上来了；第二，中美关系实现了正常化；第三，把台湾归回祖国、完成祖国统一的大业提到具体的日程上来了。"同一年，叶剑英在国庆讲话中实际上提出了"一个国家，两种制度"基本构想的雏形，为和平解决台湾问题提供了基本思路。

陈立夫是当时台湾高层持两岸统一立场的人之一。邓小平曾多次托人给陈立夫带话，希望两岸开启国共第三次合作。1980年9月9日，邓小平第一次给陈立夫带话。这天邓小平会见了美籍华人学者陈树柏，他是国民党元老、曾任广东省政府主席的陈济棠的儿子。邓小平说："陈立夫有民族感。在有生之年做点事嘛。我同他不认识，你见了他说我问候他，尽管没见过面,哲学、思想、见解都不同。"说到两岸统一问题,邓小平动情地说:"在统一方面可以做点事嘛。能在我们这一代交账,历史上写我们一笔比较好,否则历史会责备我们的,至少要骂我们的。国际上的账都可以放下,国内的账为什么不能呢?我们岁数大了,可能急一些。统一越早越好。80年代我们每一天都把统一摆在议事日程上。"陈立夫收到口信后也隔岸回应,表示:如果台湾允许,他可以在任何时间到大陆来。给陈立夫带话,邓小平就是希望能对台湾当局领导人蒋经国产生影响。

当时台湾与大陆没有直接沟通的渠道,邓小平通过多种方式向台湾当时的国民党领导人蒋经国喊话,希望"老同学合作一把",为中华民族的统一大业作点贡献。邓小平与蒋经国早年是同学。20世纪20年代,他们都是莫斯科中山大学的学生。那时邓小平22岁,蒋经国才16岁。蒋经国加入共产主义青年团后,分在邓小平为组长的团小组里,两人有比较密切的来往。苏联一别,两人从此没再见过面。半个世纪后,他们分别成了国共两党的领袖。1982年1月11日,邓小平会见美国华人协会主席李耀滋,请他给蒋经国带话:"你下一次有机会去,给我带个口信给蒋经国:我们年纪都大了,为子孙后代着想,为我们的民族着想,在我们这些人在世时至少谈起来,谈起来以后大家再把问题摆出来,例如,他们讲三民主义,究竟能不能统一中国。我们讲社会主义,社会主义有什么不好,我们讲我们的道理。"李耀滋回去后通过关系转给蒋经国一封信,但没有下文。

1982年春,蒋经国在父亲蒋介石去世七周年的祭文上提到"切望父灵能回到家园,与先人同在",还表示"要把孝顺的心,扩大为民族感情,去敬爱民族,奉献于国家",透露出浓浓的思乡之情。对此,邓小平抓住机遇,指示以廖承志的私人名义写了一封致蒋经国的信。廖承志当时任中央对台工作小组副组长,他父亲廖仲恺与蒋介石是国民党时期的同事,他本人与蒋经国是儿时的好友,也是莫斯科中山大学的同学,由他来写这封信,于公于私都很合适。信中"渡尽劫波兄弟在,相逢一笑泯恩仇"这句话,既是说给蒋经国听的兄弟之情,更是说给台湾千万民众听的两岸之间割舍不断的血脉传承之情,至今读来仍然令人动容。据说,蒋经国看到信后,在办公室内沉默了许久,可见内心深受触动。但他一直对这封信保持沉默。

1983年6月,邓小平会见杨力宇,提出著名的"邓六条",进一步阐述了大陆和台湾和平统一的方针政策。这六条分别是:第一条,台湾问题的核心问题是祖国统一;第二条,坚持一个中国,制度可以不同,但在国际上代表中国的,只能是中华人民共和国;第三条,不赞成"完全自治"的提法,"完全自治"就是"两个中国";第四条,统一后,台湾作为特别行政区,可以有自己所独有的某些权力;第五条,和平统一不是大陆把台湾吃掉,也不是台湾把大陆吃掉;第六条,实现统一的适当方式是举行国共两党平等会谈,实行第三次国共合作。这六条方针进一步充实了"一国两制"的构想。邓小平说:我们是和盘托出,再没有什么底牌了,这就是底牌。在谈话的最后,邓小平对蒋经国隔空传话,说:我们都是炎黄子孙,祖国要统一,不统一就没有出路。我们有出路。我们这些人岁数都不小了,都希望中华民族来一个真正的统一。前人没有完成的事业,我们来完成。我们的后人总会怀念我们的。如果不做这件事,后人写历史,总会责备我们的。这是大事,前人没有完成,我们有条件完成。

除了托人带话,邓小平还通过很多具体的事情来增进感情。蒋经国是个大孝子,邓小平指示浙江溪口修缮蒋经国母亲、祖母的坟墓。据说,后来蒋经国知道了这件事后,还让人带话给大陆,希望照点照片给他看一看。蒋家墓地修葺一新的照片,被迅速但又秘密地送进了台湾"总统府"。通过邓小平的不懈努力,大陆和台湾之间逐步建立了沟通的渠道,台湾一些上层人士同大陆联系增多,出现了值得注意的好动向。用邓小平的话,就是:"现在发展到这样一个阶段，可以看到一种影子"。显然，"影子阶段"就是说台湾方面出现了一些新迹象，和谈有了希望。

长期不懈的努力，终于有了成效。1987年，两岸开启了"解冻"的第一步。7月15日，台湾当局宣布解除"戒严令"。10月14日，蒋经国主持国民党中常会通过决议，决定除现役军人及现任公职人员外，凡在大陆有血亲、姻亲、三亲等以内的亲属者可赴大陆探亲。对此，我国务院有关方面负责人发表谈话，热情欢迎台湾同胞。11月3日起，一批批在台大陆籍老兵开始回乡探亲。老兵回乡的路，架成了连接海峡两岸的桥，两岸的隔绝状态终于打破，两岸民众的交往，也越来越深入。

后来，由于蒋经国突然病逝，使已着手进行的两岸和谈戛然而止。邓小平惋惜地说："可惜蒋经国死得太早了。"但邓小平始终以高度的历史责任感关注着祖国的统一大业。他说："再没有比'一国两制'的办法更合理的了。现在对台湾是个机会，对整个民族是个机会，需要大家努力，推动台湾走向统一。"南方视察时邓小平对如何实现"一国两制"指出：要抓住时机，发展自己，关键是发展经济。青山遮不住，毕竟东流去，今天我们看得更清楚，祖国的完全统一是大势所趋、大义所在和民心所向，相信台湾问题必将随着民族复兴而解决。

（文／王达阳）

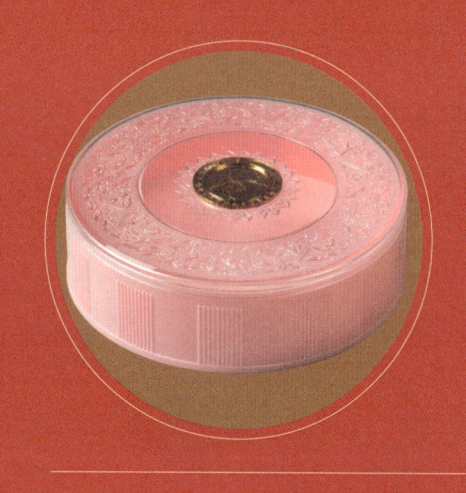

饼干盒

邓小平办公室沙发旁的粉色饼干盒。

    邓小平一向爱整洁，他办公室里的东西不多，而沙发旁的一个粉色饼干盒很是惹眼。这个看起来普通的饼干盒却是邓小平的"重要道具"。他的办公室一向不允许人随便进出，但只要孙子孙女们想进去玩耍，他不但不拦着，还会拿出他的"重要道具"——饼干盒，掏出糖果、饼干"贿赂"他们。每到这个时候，他总是一边给孙辈们发零食，一边笑着自言自语："爷爷也就这点权力咯！"

    邓小平自己曾不无幽默地说："以后如果评'世界上最好爷爷奖'的话，

我可以得这个奖。"对每个孙子孙女，他都十分疼爱。

1972年出生的眠眠是邓家第一个第三代，她出生的时候邓小平还在江西，但所处的政治环境已经比较宽松。眠眠出生时，正赶上邓小平夫妇在井冈山进行调研，得知眠眠出生的消息，他们一回南昌便往医院赶，急着去看女儿邓楠和小外孙女。风尘仆仆，赶了一路，到医院一问，邓楠已经带着孩子出院了。邓小平和卓琳又急忙赶回家，这才见着小外孙女。有了眠眠，邓小平的江西生活一下子增色不少。每天早上起床以后，邓楠就会把孩子抱到邓小平卧室外面的小客厅里。把两个沙发一拼，铺上个小褥子，眠眠就睡在那里。等到孩子尿了，全家人就都围了上来，卓琳喊着："谁去拿点热水来！"邓小平就会赶忙去提热水瓶，一边用四川话说："我来，我来！"江西的冬天寒冷又潮湿，孩子换下的尿布不容易干。大家在炭火盆上做了个铁丝网，邓小平每天就负责在那儿为小外孙女烤尿布，但也很是高兴。

到了晚年，几个孙子孙女更是邓小平心中的宝贝，一时没看见谁，就要问，就要找。每当和孩子们在一起，他总是显得特别满足与幸福。邓小平不喜欢照相，但只要孩子们有要求，他就立即配合。因此在邓小平晚年的照片中，经常能看见他和孩子们亲昵嬉闹的画面。有一年春天，全家去北京玉泉山春游。孙子们用枝条编了两个柳条帽，跑到邓小平夫妇身边给他们戴上，还恳求爷爷、奶奶戴着柳条帽照相。这时，老两口心甘情愿地接受着孙子们的安排，端坐在靠背椅上，以鲜花、绿树为背景，留下了一张"俏皮"的全家福。

还有一年冬天，一场大雪刚刚停下，邓小平就来到院子里散步。这时，大女儿刚好领着孙辈们在院子里堆雪人。他们用雪堆好雪人的身体、脑袋后，又拿来两个煤球做眼睛，插上胡萝卜做鼻子，再把一只红色塑料水桶扣在雪人头上做帽子。最后，在雪人的左右两侧，各插着一把木剑，威风八面。邓小平散步到雪人身边时，先是忍不住多看几眼，最后索性停了下来，笑着欣赏孙子们的作品。随后，还和孙子们一起，站在雪人旁边专门拍了一张合影。

小弟是邓家孙辈中最小的一个孩子，他出生时，哥哥姐姐们都长大了，他自然成了全家的宠儿，邓小平和他留下了许多经典的照片。有一张便是小弟还在襁褓中，邓小平坐在藤椅上轻轻掀起小被子，怜爱地看着他的照片，这张照片让人看到卓越不凡的邓小平也像任何一个普通的爷爷一样，有着那么柔情、慈爱的一面。随着小弟慢慢长大，又有了那张流传甚广的"82+1"的照片。那是在北戴河的海滨浴场，1岁左右的小弟噘着小嘴巴去亲82岁的邓小平，在爷孙俩将亲未亲的一刹那，相机拍下了这个瞬间。那是一个非常甜蜜的亲吻，邓小平的表情十分陶醉。子女们把照片拿给邓小平看，他哈哈大笑，说这张照片就叫"两个丑八怪"。孩子们不同意，邓小平马上改口，说叫"两个噘嘴巴"。随后他又高兴地说，好，赶快加洗，一家一张。

爷孙俩还有一张有名的照片是在邓小平的办公室里拍摄的。那时，邓小平正坐在沙发上，戴着眼镜，两脚轻松地搭在软凳上，阅读《参考消息》。小弟在边上捣乱，闹着要让爷爷讲故事。一旁的卓琳制止说，小弟，来，奶奶给你讲故事。小弟这才安静下来，坐在卓琳身边听起了故事。后来，这张照片作为组照《退下来的邓小平》之一，在荷兰世界新闻摄影大赛中获奖。评委解释这张照片的获奖原因时说，因为我们看到了家庭生活中真实的邓小平。

对孙辈们，邓小平也不是一味溺爱，他首先对他们的要求就是要低调做人，不搞特殊化。为了保持低调，邓小平的四个孙辈上学的时候都没有姓邓，而是都跟着奶奶姓卓。后来，孙辈们长大了，邓小平也常常告诫他们，不要去声张自己的家庭。在孙辈们的记忆里，爷爷奶奶是没有姓名的，从没有人告诉他们爷爷奶奶是谁，是干什么的。还是上了小学后，他们才知道了爷爷奶奶的名字，可爷爷奶奶是做什么工作的，还是没有人说过。最终孩子们还是像小时候的爸爸妈妈们一样，从学校里知道的。

要低调做人，但不意味着可以虚度人生。邓小平虽然不要求孙辈们名扬天下，一定要有大出息，但要求他们能做事、会做事，要有点本事为国家作贡献。1992年正月十五的晚上，在上海休养的邓小平出现在了上海第一百货公司。在人们的簇拥下，邓小平来到了文具柜台前，他仔细地端详着柜台里的商品，精心挑选了几支铅笔和橡皮作为送给孙辈们的礼物。他说：铅笔是要他们好好学习，橡皮是要他们有错就改。说着，递上了十块钱，他笑着说：好多年没有花钱了，这是我亲手花人民币。

1993年，外孙女羊羊出国留学前，邓小平对不舍得离开父母的羊羊嘱咐道："我十六岁时还没有你们的文化水平，没有你们那么多的现代知识，是靠自己学，在实际工作中学，自己锻炼出来的，十六七岁就上台演讲。在法国一呆就是五年，那时话都不懂，还不是靠锻炼。你们要学点本事为国家作贡献。大本事没有，小本事、中本事总要靠自己去锻炼。"

中国人总说"隔辈亲"，和孙辈们在一起时，邓小平像天下任何一个普通爷爷一样享受着天伦之乐，而低调自律、为国家和社会作贡献，这就是作为爷爷的邓小平对孙辈们的基本要求。

（文 / 叶帆子）

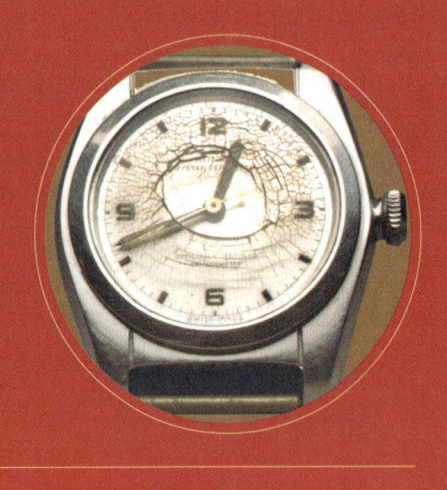

磨损的手表

邓小平1949年开始使用的手表。

"历览前贤国与家，成由勤俭破由奢。"艰苦奋斗是我党的优良传统，对搞好党和国家各项事业十分重要。邓小平十分重视艰苦奋斗的养成和教育，不仅以身作则，在工作和生活中处处勤俭节约，而且在全党反复强调提倡艰苦奋斗是中国从几十年的建设中得出的经验，一定要继续保持和发扬这一优良传统。在邓小平故居陈列馆的展厅里，陈列着一块因佩戴日久而明显磨损的手表，这正是邓小平身体力行艰苦奋斗、勤俭节约的最好见证。

邓小平提倡艰苦奋斗来源于他求真务实的勇气，来源于他对我国国情的清醒认识。面对改革开放之初百废待兴的基本国情和一日千里的世界形势，邓小平说："我们要搞中国式的现代化，我们还很穷，就是要老老实实地创业，就是要吃点苦，否则不可能有今后的甜。人民生活只有随着生产的不断发展，才能得到逐步改善。"邓小平对艰苦奋斗、勤俭节约作出过很多具体的批示，比如1978年9月上旬，邓小平在《情况汇编》上刊登的北京一个市民反映十一国庆节游园活动浪费资金、建议厉行节约的文章上，作出批示："不搞好。"1978年12月16日，邓小平在《关于筹备纪念红四军入闽、古田会议召开五十周年的请示报告》上的批示："只搞小型活动，花几百万元不应该，不如将这笔钱移作支持老根据地的建设。"1980年3月30日，邓小平就南京军区准备建造豪华高干招待所一事作出的批示："由中央办公厅查证，并制止。"4月16日，阅中共江苏省委负责人关于南京军区建造接待用房的有关情况的说明，作出批示："可以继续建成，建成后拨作旅游事业使用。设计亦按旅游标准修改。军队内部不应该有这样豪华的招待所。"

进入20世纪80年代，党中央制定了我国经济建设分三步走、翻两番的战略目标。邓小平为此倾注了大量心血。在他看来，为了确保这一战略目标的如期实现，就应该更加提倡艰苦奋斗、勤俭节约的精神。他指出："如果不提倡艰苦奋斗，勤俭节约，这个目标不能达到。""要坚持我们历来的艰苦奋斗的传统。否则我们的事业是不会有希望的。"他还以党在延安时期的好的做法为例反复强调这一点。他说："过去我们在这方面做得不错"，"那时，我们是延安传统、延安精神。我们在延安时，什么都困难，什么东西都没有，没有棉花，穿衣服都发生困难，连盐、火柴都没有。就是按照毛主席提出的'自己动手，丰衣足食'的方针，自己拿锄头开荒，种粮食，结果所有的困难都克服了，过得很好。那种精神现在中国仍然需要"。

20世纪80年代末，面对着十分复杂的国内外形势，邓小平更加强调要发扬艰苦奋斗的传统，抓紧艰苦奋斗的教育，要"夹着尾巴做人"，"要很谨慎"，"要勤俭办一切事情"。他一再强调："艰苦奋斗是我们的传统，艰苦朴素的教育今后要抓紧"，"我们的国家越发展，越要抓艰苦创业"。"坚持这个传统，才能抗住腐败现象。所以要加强对人民进行思想政治工作，提倡艰苦奋斗。这是中国从几十年的建设中得出的经验。"

为倡导和坚持党艰苦奋斗的作风，邓小平躬行实践，一生都保持着勤俭节约的生活作风，对衣食住行从不挑剔，以自己的表率行动为全党树立了榜样。

在饮食上，邓小平向来是有什么吃什么，从不挑食。如果时间允许，他喜欢和家人在一起用餐。夹饭菜时，哪怕是一根豆芽或一个米粒掉在饭桌上，他都要用筷子夹起来很自然地放进嘴里。餐巾纸也是邓小平晚年才享用的，但他坚持让家人把一张纸裁成四块，每次只用一小块，一天只用两张。曾在邓小平家做过近两年厨师的管建平回忆说："他家有一个习惯——不浪费，剩饭剩菜一律下顿做成烩饭、烩菜接着吃，就是炖菜剩下的汤都要留到下顿吃。"

邓小平对自己的服装从来没有特殊的要求。在家里他经常穿的就是布衣裤、棉线袜和布鞋。就连儿女们想为他添置新衣，也必须征得他本人的同意。从新中国成立直到"文化大革命"前，邓小平在公共场合穿的外衣只有三套中山装：一套是黑色呢子的，一套是灰色派力斯的，一套是咖啡色一般材质的。另外还有一件花达呢的外套。这几套外衣，一直穿到"文化大革命"后不能再穿为止。长期以来，邓小平的内衣都是有补丁的。衬裤的裤口和裤裆，衬衣的领口、袖口，总是缝了又缝，补了又补。他从来不认为这是不体面的事。即使到晚年，国家富强了，人民生活水平普遍提高了，他也仍然保持这个生活习惯。警卫秘书张宝忠回忆说："1963年，小平同志在杭州开会。一天，宾馆服务员拿着洗好的衣服送给我，并问这是你的衣服吗？我回答说，这是首长的衣服。服务员一听就惊讶地怔住了：我真不敢相信，我们党中央的总书记会穿这么多补丁的衣服。她一边说着一边指着缝得密密麻麻的衬衣领子，又打开有几块补丁的衬裤，眼圈一下子红了。"

即使是去世前，邓小平还嘱咐妻子卓琳，走的时候不要买新衣服。那一天，他是穿着一身灰色的旧中山装和一双旧皮鞋离开我们的。工作人员王世斌回忆说："首长去世以后，首长那些衣物的处理是我去处理的。都被烧了，那天，我带着另外一个同志，我们在锅炉房里把内衣、外衣、鞋子、袜子全都烧了。什么都没有保留，我们两个一边烧一边掉着眼泪，是我们亲眼见的。当然平时知道首长很随和、很朴素，但是这是我们亲眼见到，内衣都是有窟窿的，都是破的。如果不是亲眼所见的，谁能相信，这么伟大的一个人物确确实实是穿着破了的衣服。"

习近平总书记指出："不论我们国家发展到什么水平，不论人民生活改善到什么地步，艰苦奋斗、勤俭节约的思想永远不能丢。"邓小平关于艰苦奋斗、勤俭创业的这些重要思想，不仅是中国共产党的宝贵精神财富，也是广大青少年的宝贵精神财富。

（文／孔昕）

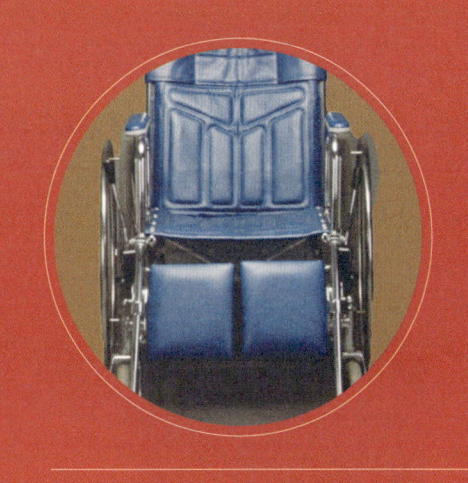

轮 椅

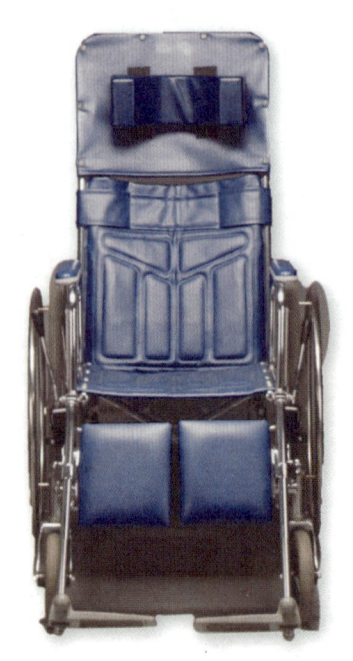

邓小平的轮椅。

轮椅——未了的心愿

在邓小平故居陈列馆珍藏的邓小平文物中有一辆轮椅。它看起来比其他轮椅要稍微窄一点，很显然，它是根据主人的体形设计制作的。如今我们无法找到邓小平坐轮椅的照片，但他多次说过这架轮椅的特殊功能：香港回归后，如果身体情况限制了自己的行动，他就乘这架轮椅到香港去看一看。

邓小平为了解决包括台湾、香港、澳门在内的祖国统一的问题，提出了"一国两制"的构想。他说：解决问题只有两个方式：一个是谈判方式，一个是武力方式。用和平谈判的方式来解决，总要各方都能接受，香港问题就要中国和英国，加上香港居民都能接受。什么方案各方都能接受呢？——"一国两制"。

1982年，解决香港问题提上中英两国政府日程，英国首相撒切尔夫人来华访问。撒切尔夫人来华的目的只有一个——希望继续保持英国对香港的统治。尤其是此时的英国刚刚取得了马岛之战的胜利。1982年9月24日上午，北京人民大会堂福建厅，邓小平和撒切尔夫人——中英谈判的两名主角登场亮相了，这是中西方两个以强硬果敢著称的顶级政治家的巅峰对决。显然，撒切尔夫人低估了中国政府和邓小平坚定维护中国主权的决心和对"一国两制"政策的信心，邓小平针对撒切尔夫人的论调进行了针锋相对的反驳：一是主权问题不是一个可以讨论的问题。中国在这个问题上没有回旋的余地。1997年中国将收回香港，不仅是新界，而且包括香港岛、九龙。二是香港继续保持繁荣，根本上取决于中国收回香港后，在中国管辖之下，实行适合于香港的政策。三是如果说宣布要收回香港就会像夫人说的"带来灾难性的影响"，那我们要勇敢地面对这个灾难，作出决策。如果香港发生严重的波动，中国政府将"被迫不得不对收回香港的时间和方式另作考虑"。虽然这次会谈充满了火药味，但双方同意通过外交途径进行磋商。中英两国关于香港问题的谈判在这次会谈中定下调子。

接下来中英双方的谈判是艰苦而漫长的，经过22轮的拉锯，双方谈判终于将在1984年落下帷幕。但1984年5月，当中英谈判进展顺利、成功在即的消息传开后，香港行政局和立法局的全体非官守议员联名发表声明，宣称对香港和英国关系行将解除非常失望，呼吁英国政府应该坚持在1997年之后仍然保留若干程度的地位，并对中国政府及其政策进行诋毁和攻击。5月9日，由香港行政局首席非官守议员钟士元领衔组成两局非官守议员代表团飞往伦敦，吁请英国领导人和国会倾听港人"代表"的意见，谨慎从事。在英国，钟士元等先后拜会了撒切尔夫人和外交大臣杰弗里·豪。5月16日、21日又列席了英国上下两院关于香港前途的辩论会，并对一些议员进行游说。显然，这些非官守议员的举动正中英方下怀，英方鼓励他们到中国制造舆论。5月23日，钟士元等回到香港。一个月后，钟士元等人前往北京，向中国领导人"请命"。邓小平决定亲自与他们会见。6月23日，邓小平在人民大会堂四川厅会见了钟士元、邓莲如、利国伟。前一天，邓小平刚刚会见了以唐翔千、唐骥千、倪少杰为首的香港工商界访京团，对"一国两制"方针作出了精辟阐述。这是他连续两天与香港知名人士见面。但这一次他的表情要比昨天严肃得多。

会见前，邓小平听取了我方工作人员的汇报。邓小平听后说："他们连居民也代表不了，今天我不准备给他们任何资本。"邓小平耐心而又严肃地对钟士元、邓莲如、利国伟指出："你们前不久有伦敦之行，情况我们也是了解的。有话可以讲，但我要说，中华人民共和国对香港的立场、方针、政策是坚定不移的。没有三脚凳，只有两脚。"邓小平气魄慑人，每一句话都掷地有声，钟士元听后低头经历一番内心的斗争，还是说出自己的担忧：您说过"港人治港"，我们是举双手赞成的，但我们担心港人没有这个能力。香港如果管不好，那损失就大了。邓小平则语重心长地对着这位当时香港政坛职位最高的华人说道："要相信香港的中国人能治理好香港。不相信中国人有能力管好香港，这是老殖民主义遗留下来的思想状态。""香港人是能治理好香港的，要有这个自信心。香港过去的繁荣，主要是以中国人为主体的香港人干出来的。中国人的智力不比外国人差，中国人不是低能的，不要总以为只有外国人才干得好。要相信我们中国人自己是能干得好的。所谓香港人没有信心，这不是香港人的真正意见。""我们相信香港人能治理好香港，不能继续让外国人统治，否则香港人也是决不会答应的。"

这是一番义正词严而又充满民族自豪感自信心的话语，包含对港人也包括钟士元等人的殷切期望，令三人一时无言以对。这时，邓小平又颇有预见性地，为"港人治港"定出一个明确的界线和标准："'港人治港'有个界线和标准，就是必须由以爱国者为主体的港人来治理香港。未来香港特区政府的主要成分是爱国者，当然也要容纳别的人，还可以聘请外国人当顾问。什么叫爱国者？爱国者的标准是，尊重自己民族，诚心诚意拥护祖国恢复行使对香港的主权，不损害香港的繁荣和稳定。只要具备这些条件，不管他们相信资本主义，还是相信封建主义，甚至相信奴隶主义，都是爱国者。我们不要求他们都赞成中国的社会主义制度，只要求他们爱祖国，爱香港。"与邓小平的这次会面，给几位香港政坛的重要人物以很深的震撼。此后，钟士元积极投身香港回归工作，并成为香港特区筹备委员会委员、特区第一届行政会议召集人。他还专门著书，记述这一段为国家、为香港作出贡献的宝贵经历，书名叫《香港回归历程：钟士元回忆录》。

1984年《中英联合声明》草签后，邓小平由衷地说："香港问题为什么能够谈成呢？并不是我们参加谈判的人有特殊的本领，主要是我们这个国家这几年发展起来了，是个兴旺发达的国家，有力量的国家，而且是个值得信任的国家，我们是讲信用的，我们说话是算数的。"当年12月，撒切尔夫人再次访华并正式签署联合声明，得到了中方的隆重礼遇，并再次见到了邓小平。邓小平热情地握住她的手，衷心祝贺《中英联合声明》的成功签署，祝愿她在北京访问愉快。撒切尔夫人则由衷地称赞邓小平提出的"一国两制"的构想是最天才的创造，并认为这对于解决国家间及国家内存在的历史遗留问题和争端具有示范作用。

1984年是中英两国政府达成解决香港问题的联合声明的一年。这一年，邓小平首次向世人坦露他的个人心愿，公开表示希望有生之年到香港去看看。10月3日，在会见来京参加国庆观礼的港澳同胞时，邓小平说："我愿意活到1997年，亲眼看到中国对香港恢复行使主权。"12月19日，在 1984 年即将过去的时候，邓小平对来华正式签署联合声明的英国首相撒切尔夫人说："如果那时我还在，我的希望是能到香港看看。"1988 年 9 月，84 岁高龄的邓小平会见捷克斯洛伐克总统古斯塔夫·胡萨克，他说：我的最大愿望是活到 1997 年，因为那时将收回香港，我还想去那里看看。1990 年 1 月，在与李嘉诚的会见中，邓小平再次强烈地表达了这个愿望。为了能够去成香港，邓小平甚至说："哪怕就是坐着轮椅也要去，哪怕在香港的土地上站一分钟也好。"

但自然规律往往不以人的意志为转移。1997 年 2 月 19 日 21 时 08 分，93 岁高龄的邓小平离开了人世。外交部原副部长周南遗憾地说："可惜啊，就差这么几个月的时间，要不然就画上圆满的句号了。"香港的多家媒体表示："邓公不能来香港，是爱祖国、爱香港的港人'永远的痛'。"香港知名人士曾宪梓改写宋代爱国主义诗人陆游的诗句："人死原知万事空，但悲不见九州同。香港回归祖国日，家祭勿忘告邓公。"

（文 / 周锟）

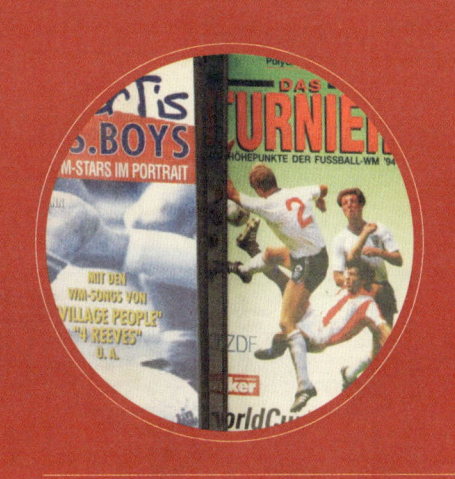

"足球集锦"录像带

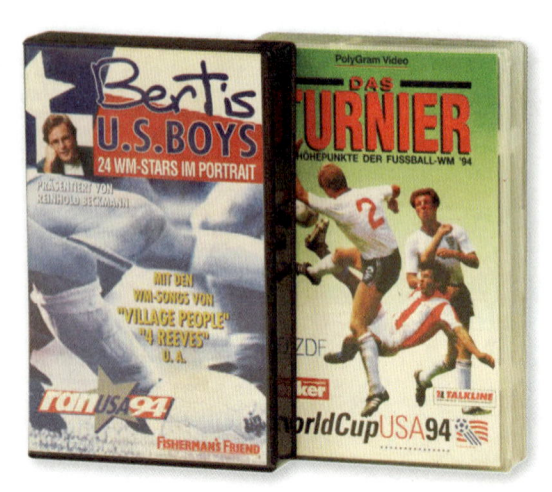

邓小平买过的"足球集锦"录像带。

足球被称为世界第一运动，诞生了无数经典的场面，也让无数球迷沉浸其中。邓小平是资深的足球迷，他曾经说过："我平生最喜欢看足球"。

20世纪20年代，当他还在法国勤工俭学时，经常有各种足球比赛，绿茵赛场上的足球就深深地吸引了这个初次走出国门的小个子，看球赛成了他业余时间的主要消遣。1924年，第八届奥运会在法国巴黎举行，有22个队参加的足球比赛更是精彩纷呈。这场体育盛会，对于在法国艰难生存的邓小平来讲，无疑是一场缓解压力、振奋精神的活动，对邓小平产生了难以抵挡的诱惑。然而，当时生活艰辛的邓小平，饭尚且都吃不饱，又该如何满足自己作为一个球迷的愿望呢？原来，他把外衣送进当铺，用当来的钱买门票，看了一场精彩的足球赛。他自己回忆当时的情形说："5个法郎是一天的饭钱，而且看球时坐的位置又最高，连球都看不清楚。"直到晚年，他还清楚地记得，那次比赛的冠军是乌拉圭队。可见他对足球挚爱至深。

1952年7月，邓小平调中央工作后，经常去北京先农坛体育场观看足球比赛。当时足球比赛少，邓小平连教学比赛也不放过。他常常一个人出现在主席台上，一碟瓜子，一杯茶，一根烟，专心致志地看球赛。伴随着比赛的激烈程度，他的情绪也会受到感染。据原国家体委主任李梦华回忆："其中印象最深的一次是：先农坛外场有一场少年足球比赛，邓小平同志前去观看。外场是土场，没有看台，就临时搭了一个看台，邓小平同志就坐在简易的临时看台上，就着被踢起来的尘土看了一场娃娃足球赛。"1959年，邓小平因腿骨骨折住进了医院，据说住院期间，在病榻上的他，还问同样也是球迷的贺龙元帅："几时能多看几场足球转播赛？"当时正逢一场重要的足球对抗赛。他不愿错过机会，于是在病床上吊着腿，坚持看完了整场比赛的电视实况转播。

1974年夏天，邓小平第二次复出后不久，就观看了反映第十届世界杯足球赛的纪录片《世界在你脚下》。原国家体委负责足球工作的陈家亮回忆当时的情形说："我记得很清楚，放映是从上午九点开始的，一直持续到近中午一点，小平看得是目不转睛，太投入了！我跟你说一个细节，在放片的三个多小时中，他一直没有休息！他也很少问我问题，话不多，有的时候看到尽兴处就很简短地来个评论。""《世界在你脚下》这片子好像七八十分钟就放完了！但是小平显然意犹未尽，马上问：'还有什么？再放！再放！'于是我们一点都没休息，马上把带来的世界杯决赛等纪录片放给他看。"

1977年7月，北京举办了有10个国家和地区12支球队参加的"长城杯"足球邀请赛。这是"文化大革命"后我国首次举办的国际足球比赛，中国青年队和中国香港队闯入决赛。7月30日，邓小平携家人来到北京工人体育场看台上观看决赛，这也是第三次复出的他首次在群众中露面。女儿邓榕回忆说："父亲带着我们去看球，本来是想悄悄坐在主席台末排的。"可是，旁边看台上的观众很快便发现了这位在中国政坛上沉寂了一年多的国家领导人。他刚刚出现在主席台，群众就对他报以热烈的掌声，经久不息，反映了广大人民热切盼望恢复党的优良传统，恢复正常社会秩序的愿望和热烈欢迎邓小平回到中央工作的喜悦心情。陈家亮回忆说，那场面"以前没见过"，鼓掌足有两分多钟，"确实激动人心"。邓小平只好向前走了几步，双手下压，示意大家停止鼓掌，坐下看球。邓小平在半场休息时对国家体委负责人指出："你们可以派几名裁判去德国学习，要培养国际裁判，提高裁判水平。"新华社当天在发布这一消息时说，"当邓小平副主席等领导人走上主席台时，全场8万观众长时间地热烈鼓掌"。邓小平同志选择现场观看这场比赛显然是经过深思熟虑的。这一刻欢呼的人们或许已经意识到：以后的岁月，中国的命运将和这位容光焕发的老人紧紧连在一起。

工作繁忙的邓小平往往只能在赛事之后收看录像。而看之前，他一定会嘱咐工作人员不要告诉他比赛结果。观看时，他就像亲临现场一样紧张、激动；倘若中国队赢了，他不仅会自己高兴地鼓掌，而且还要家人一起喝彩。与现在狂热的青年球迷相比，邓小平这个老球迷可以说是毫不逊色。

邓小平对足球有独特的理解，对比赛结果一直保持超然、冷静的态度。尽管他自己说看到我国足球队就是有股闷气不能出，但是他仍然坚持观看。警卫秘书张宝忠回忆说："平时我们看比赛，输了就想骂街，他不这样。他说：这个看球呀，不一定进球多就是有水平，不进球也好看。我们虽然输了，但是咱们队员都努力了，都踢得不错，尽管水平跟人家不在一个阶梯上，但踢得还是不错嘛！"对于足球，他是真正的热爱，"从不以输赢为标准"。他认为，在足球比赛中，"输了也没有关系，好好训练，主要是鼓干劲。"总之，对待足球，他能保持一种"不以物喜，不以己悲"的超然、冷静的态度，他从足球中得到的是轻松、乐趣与休闲。

看球，无疑也成为邓小平退休生活的一大乐趣。1990年意大利世界杯足球赛时，邓小平已经是86岁高龄的老人了。中央电视台连实况带录像一共转播了52场，这位86岁的耄耋老人看了50场。身边的警卫秘书回忆说："白天能看的他看，晚上看不了的，他让我给他录下来。而且录下来以后，还不让我告诉他结果，真可谓过足了瘾。"1994年美国世界杯足球赛时，邓小平已经90岁了。电视实况转播在深夜进行，他让工作人员录下比赛，白天再看。他特意嘱咐子女，不要告诉他比分，使他能带着悬念看。

与桥牌一样，邓小平十分关注和关心我国足球运动的发展。1952年，他在重庆观看了国家足球队比赛后，在接见教练和球员时表示："希望国家足球队严格训练，打好基础，尽快培养出一批优秀教练和球员。"新中国成立之初，热心体育事业的邓小平分管过体委工作，在听取国家体委负责人王猛、李梦华和中国足球协会负责人张联华的工作汇报时指出："要把学校的体育工作搞好。足球不从娃娃搞起，是上不去的。"

在足球的发展问题上，他清楚地认识到中国足球与世界高水平国家之间的差距，指出"中国虽然有五千多年的历史，但总还是落后的。以踢足球为例，我们中国就比不过匈牙利。""足球这个东西我们同国际上比赛少了，提高成绩就困难。同强队的交锋太少了不行。""比赛才能提高，不比怎么能提高？不要怕输，输了也没有关系，好好训练，主要是鼓足劲。打球越怕输越输，从信心上就输了。心理状态不好，越怕输越输。"1978年4月30日，在同胡乔木等人谈话时指出："足球也可以发展，也是一个行业嘛。可以组织一些国际比赛，既可以满足人们的需要，又增加了收入。"1979年1月，邓小平在接见体委领导时就说过："增加'娃娃'的事，要专门写个报告，要包括军队在内","足球不从娃娃抓起,是搞不上去的"。1985年,他题词:"中国足球运动要搞上去,必须从娃娃抓起!"1985年8月,他指出:"我看了几场国际足联16岁以下柯达杯世界锦标赛的实况转播,看到各个队无论在技术方面、体育道德方面都表现很好。他们踢得很有朝气,是世界足球运动的希望。中国队也踢得不错。我们中国足球运动要搞上去,要从娃娃、从少年抓起。""从青少年抓起,举办这类世界锦标赛,是个很好的创举。"

邓小平关于足球运动的一系列指示不仅体现了国家领导人对于足球发展的高瞻远瞩,而且也激励了热爱足球的年轻人,是中国足球发展的一道强音。

(文/孔昕)

购书证

邓小平的购书证。

读书是扩大自身知识面、提升能力和素养、陶冶情操、坚定信念的主要方法,也是与时俱进补充业务知识、创造性开展工作的重要途径。邓小平曾说:"我读的书并不多,就是一条,相信毛主席讲的实事求是。"实际上,邓小平波澜壮阔的人生始终与书相伴,读书始终是邓小平最大的爱好之一。这张看似不起眼的购书证是1986年北京新华书店发给邓小平的,邓小平可凭此证到新华书店内部书店选购图书,这是邓小平爱读书的最好见证。

在家乡四川广安,年幼的邓小平入学发蒙,接受了中国传统的国学教育，开始走上读书人的道路。离开广安，年仅 16 岁的邓小平远渡重洋，赴法勤工俭学，他没有太多在校园里安静读书的时光，却在社会这所大学堂中接触、了解最终服膺马克思主义，成长为一名坚定的共产主义者和职业革命家。《共产党宣言》《共产主义 ABC》这些地下印刷的小册子成了邓小平新的启蒙老师，帮助他树立了共产主义的理想信念。直到 1992 年在著名的南方谈话中，邓小平还说："我的入门老师是《共产党宣言》和《共产主义 ABC》。"

来到莫斯科，尽管只有不到一年的时间，但那是邓小平唯一接受正规高等教育的快乐时光。他在自述中这样说道："我更感觉到我对于共产主义的研究太粗浅"，"我能留俄一天，我便要努力研究一天，务使自己对于共产主义有一个相当的认识"。他积极投入紧张的学习中，参加的课程涉及马克思主义理论的方方面面，包括哲学（辩证唯物主义与历史唯物主义）、政治经济学（以《资本论》为主）、列宁主义、中国革命运动史、世界通史（革命运动部分）、社会发展史、俄国革命的理论与实践、民族与殖民地问题、经济地理等。此外，邓小平每天还专门安排时间，阅读和讨论党团出版物，在他填写的自己看过的书籍有《共产党宣言》《建国方略》《民族主义》《民权主义》《孙中山先生演讲录》《国民党演讲集》二集、《陈独秀先生演讲录》，报刊有《新建设》《新青年》《向导》《前进》《中国青年》《广州民国日报》等。短短一年的学习时光，邓小平认真系统地钻研了马列主义的基本理论，打下了坚实的理论基础。

革命战争时期，主政大西南，十年总书记，繁忙的工作没有给邓小平留下太多的空余时间，但是他从未放松学习，更没有远离书本。老部下刘复之回忆说："他好读书，在艰苦的战争岁月，我几次在行军出发前整理文件挑子，箱子里总装几本书，有马列的书，也有小说。我清楚地记得有一本是列夫·托尔斯泰的《战争与和平》。"

"文化大革命"期间，邓小平被下放到江西，临走之前，他没有任何的要求，唯独请示中央同意，带去几大箱的书。这段艰难的岁月，恰恰是充裕安静的读书岁月，邓小平读了大量的马列著作和毛泽东思想著作。他每天上午去工厂劳动，下午和晚上的时间都用来读书，而且"每日都读至深夜"。他边读书边思考，不断地思索"什么是社会主义，怎样建设社会主义"的问题。在第三次复出后，邓小平义无反顾引领中国开创出了一条中国特色社会主义新路。

党的十一届三中全会以后，虽然工作繁忙，阅读依然是邓小平每天的必修课。他的秘书王瑞林说："首长每天都要读大量的文电、资料和书籍，包括国外的很多资料，从不间断，所以他总有比常人更高的眼界，总能提出一些新概念、新提法，比如'小康'、'有中国特色的社会主义'。这些想法彻底地改变了中国，融入了中国百姓的日常生活。"

邓小平读书有个特点，就是从不做读书笔记，很少评点所读的作品。儿子邓朴方说：父亲看书"从来不在上面写字，连个道都不画，熟记在心，融会贯通。不是那种记啊画啊的人，一切都是在脑子里，一种精神的领悟。他也没有记日记的习惯"。

邓小平喜欢读什么样的书呢？很多人知道他爱读金庸的武侠小说。实际上，邓小平读武侠只是偶尔作为消遣，放松紧张工作的大脑，他真正是博览群书。他生前用过的书房有40多平方米，大半个屋子的书都是他曾经阅读过的，囊括天文地理，古今中外，无所不包。其中看得最多、下的功夫最大、学得最透的，是马列主义的书籍。女儿邓榕回忆说："父亲没有看过《马克思恩格斯全集》，他看的是《马克思恩格斯选集》，通读了《列宁全集》。""他最喜欢中国古典史书，特别是《资治通鉴》。《资治通鉴》不知道看过多少遍了，应该叫熟读。他通读《二十四史》，喜欢里面的《前唐书》和《后汉书》。老爷子还特别爱看《三国志》。""政治人物传记看得多，主要是二战人物，跟他自己的军事生涯有关的，比如苏联的《朱可夫回忆录》等，他很注意地看过。"邓小平还喜欢看地图和字典等工具书，他的办公室里有一部线装的《康熙字典》，已经被他翻得非常破旧了。

对于外国名著，邓小平也信手拈来。1986年10月28日，邓小平会见来访的冰岛总理斯坦格里米尔·赫尔曼松。会谈中，邓小平说起自己早年看过的一本书，他说："欧洲一个著名的文学家写了一部小说叫《冰岛渔夫》，我在20年代时就看过，了解到冰岛人民当时的生活条件相当艰苦。"随后他感叹："现在你们干得很好，发达起来了。"《冰岛渔夫》只是一部篇幅不长的小说，描写了世代打鱼的渔民，每年要在冰岛海面度过漫长的时间，经常葬身海底的悲惨命运。邓小平的博闻强识让客人很是吃惊和佩服，这完全来自他孜孜不倦的读书生涯。

邓小平不爱看什么样的书呢？他曾坦言，自己对那些"八股调太重，没有新鲜的思想"的东西很反感。1977年，英国作家兼电影制作者费里克斯·格林对中国对外宣传颇有看法，建议改掉八股调很重的毛病，邓小平很赞同，多次对人说，"我就不愿意看那些八股调"。邓小平批评那些"样板"类的读物，1978年8月19日，他和黄镇、刘复之等谈话，说："我这里摆了一些文化大革命以来出的小说，干巴巴的读不下去，写作水平不行，思想艺术水平谈不上，看了开头就知道结尾。电影也是这样，题材单调，像这样的电影我就不看，这种电影看了使人讨厌。"邓小平看的书和他的思想一样，是新鲜活泼的，言之有物的。

邓小平邀游于书海，能够将理论与实际相结合，把书中读到的道理、规律用于日常工作，用历史的经验教训教育干部和群众。1952年，主政西南期间，邓小平听说云南德宏抗疟力量不足，药品缺乏，决定派余秋里率抗疟队到德宏帮助工作。抗疟队临行前，邓小平亲自找余秋里谈话，他说："云南历史上是有名的'瘴疠'之区，早在三国时，诸葛亮率兵南征，就有'士卒感染瘴疠，祭泸水以消患'的记载。"他要求抗疟队"态度要坚决，措施要得力，军民配合，群防群治"。抗疟队后来成功地完成了任务，帮助当地民众战胜了疾病，稳定了社会秩序。

终身好读书的邓小平并不喜欢故作高深、"掉书袋"，他说的话，老百姓听得懂、记得住，常常是看似平淡无奇，实则韵味无穷。关于读书，邓小平认为是必不可少的。他说："年轻人首先得读点书，不读书不行，遇到问题解答不了。"

（文／孔昕）

MITCHIY
HELLO WALK

计步器

邓小平的计步器。

在老一辈无产阶级革命家中，邓小平一生酷爱体育运动。1991年7月1日，邓小平在谈自己的养生之道时说："我今天的思维还不算老化，主要还是靠日常的运动，如散步、打拳、游泳等；对问题、对事物多抱以坦然乐观的心情；生活正常，调理得当；读书、看报、打桥牌、看足球、逗小孩。"作为一位长寿老人，邓小平个人也十分注重体育锻炼，同时他关心中国体育运动事业，推动了中国体育运动尤其是奥林匹克运动的发展。

散步是邓小平多年养成的锻炼习惯。虽然工作紧张、公务繁忙，但每天当中，他总会抽出时间到户外去散散步。即使遇到雨雪天气不便出门，也要在屋子或走廊里缓步徐行。他散步时，不说话，目不斜视，有一种勇往直前的军人气概。晚年，邓小平每天上午9点多开始看文件，看到10点钟时，要休息一下，他就出来散步。在自家的小院，他始终沿着小路的外圈走，不偷懒，不取巧，不抄近道。家里的院子一圈有188米，他每天固定要走18圈。有时工作人员走糊涂了，就问他："到底几圈了？"他会准确地说出现在是第几圈。见到年轻人抄近路走内圈，他又会警告："不许偷工减料。"家里人曾热心地帮邓小平买过一个计步器，但他却几乎不戴，说："我自己数数最准。"女儿邓榕回忆说："老爷子爱散步，走路的时候不戴计步器，都是自己数数，走路一句话不说，拐弯都是走直角。"

邓小平退休以后，为自己编了一套体操，抬腿、弯腰、伸胳膊，都是些简单的动作，但他做起来十分认真。女儿邓楠回忆说："老爷子生活非常有规律，他几点起床，几点吃饭，几点散步，几点干什么事，都非常有规律。"

邓小平的保健医生总结说：我觉得他保持自己的健康长寿，有三大法宝：一个是散步，一个是做健身操，另外一个就是游泳。1985年，邓小平在接见一个国外代表团时还说过这样一段流传很广的话。他说："测量我的健康有两条标准，一是游泳，二是打桥牌。能打桥牌就说明我的大脑还能起作用，能游泳说明体力还可以。"

邓小平酷爱在大海里游泳，他说："我不喜欢室内游泳池，喜欢在大自然中游泳，自由度大一些，有股气势。"邓小平几乎每年夏季都会到北戴河畅游大海。在大海中，邓小平喜欢顶着风，迎着浪，勇往直前，游向大海的深处。状态好的时候，他至少要游一个半小时。游泳区深处有供人们中途休息的平台，他却从来也不去。如此大的运动强度，有时连家里的年轻一辈也难以企及。邓小平的外孙卓玥对此深有体会："游泳的时候，我们小孩耐力不强,一开始不太跟得上他,他游得很远,转一圈怎么也得有个三四百米吧。后来一旦过了耐力关,能够跟上的时候,都是和他在深水区会合,然后陪着他游一段。"

邓小平十分珍惜每一次下海的机会。跟着他,全家人也都养成了下海游泳中途不上岸、不晒太阳的习惯。每次游到预定结束的时间,邓小平就和孩子们一起往回游,心满意足地和大家一起走上沙滩。

1992年夏,邓小平再次来到北戴河。医疗组担心他年龄大,海水冰凉游泳不安全,所以不同意他下水。面对这种情况,邓小平就常常问身边的工作人员,今天外面温度多少?水温多少?浪有多大?希望游泳的心情溢于言表。后来,在家人和工作人员的劝说下,医疗小组终于同意邓小平下海游泳了。邓小平的护士黄琳提醒他准点回来,医生就给了半小时时间。结果邓小平的回答充满了童趣:"才不呢,好不容易下去一趟!"这一年,邓小平一共游泳8次。更多的时间里,他则是静静地坐在岸边,眺望着广阔的大海。

"不管风吹浪打,胜似闲庭信步。"88岁高龄时邓小平仍下海游泳,展现出的是他作为一名开拓者和先行者的情怀和勇气。海阔天高、波澜壮阔,邓小平十分喜欢海洋的广阔,在此后不能下海的时间里,邓小平常常坐在海边的房前,静静地望向大海,似乎在与大海做着深情的告别。

邓小平不仅亲身参与体育运动,还非常重视体育工作,认为体育运动是一个国家经济繁荣、社会进步的体现。他曾经多次告诫国家体委的领导同志:"就是要加强学校的体育嘛!要把学校的体育工作搞好。"

在新中国成立初期,各项事业百废待兴之时,邓小平就积极提倡和指导创建各级体育运动委员会和体育学院,批准扩大优秀运动员队伍和举行全国运动会,筹划兴建体育设施,经常亲临现场观看体育比赛,并为获胜者发奖。

1954年国家体委在酝酿机关编制时,拟成立一个群众体育处,隶属办公厅，并呈报时任副总理的邓小平审批。邓小平阅后指示说：不行，不能是处，要成立司。根据他的指示，国家体委才成立了群众体育司。他在会见外国友人时这样介绍新中国的体育事业："过去西方有人称中国是'东亚病夫'。中国的体育过去很差，是在中华人民共和国建立以后才开始的。毛主席发出了'发展体育运动，增强人民体质'的号召，也可以说是个群众运动，体育是个群众性的东西。"1974年8月8日，邓小平在接见我国参加亚运会的队伍时强调："毛主席向来主张'发展体育运动，增强人民体质'，就是发展广泛的群众体育运动。体委应该主要搞好这方面工作。"

改革开放以后，邓小平曾多次指示要加强体育工作。1982年4月，邓小平高瞻远瞩地提出了"体育是精神文明建设的重要方面"，是全面提高中华民族素质的一个重要途径。在1984年洛杉矶奥运会举办期间，邓小平在与几位中央领导同志谈话时指出："体育运动搞得好不好，影响太大了，是一个国家经济、文明的表现。它鼓舞了这么多人，吸引了这么多观众、听众，要把体育搞起来。"

在改革开放和社会主义现代化建设新时期，在中央领导人中，邓小平第一个提出在中国举办奥运会。1979年2月26日，邓小平在会见日本共同通讯社社长渡边孟次时，阐述了中国在十年之内举办奥运会的设想。他说："奥运会4年一次，1984年和1988年都要举行。1984年不一定行，但到1988年时，也许我们可以承担在中国举办奥运会。1984年办奥运条件困难一点，1988年条件就成熟了。"此后，邓小平在会见外宾时，多次提到了中国要办奥运会的想法。但由于种种因素的限制，中国在20世纪80年代举办奥运会的条件尚不成熟。

奥运会是衡量举办国经济、文化发展水平的一个标志，没有一定的经济实力和文化水平，申办奥运会是不可能成功的。为了为申办奥运会做准备，在邓小平的支持下，中国成功申办了1990年亚运会。邓小平对亚运会特别关注，他于 1989 年 4 月亲自到亚运工地参加义务植树，并视察了亚运工程。

1990 年 5 月，邓小平亲笔题写了"国家奥林匹克体育中心"的馆名。同年 7 月 3 日，邓小平来到刚落成的国家奥林匹克体育中心视察。时任国家体委主任的伍绍祖向邓小平汇报了亚运会的筹备情况。邓小平想得更远一些，没有谈亚运会，却关切地问起另一个问题："中国办奥运会下决心了没有？为什么不敢干这件事呢？建设了这样的体育设施，如果不办奥运会，就等于浪费了一半。"

1990 年，由北京承办的第十一届亚运会成功举办。这是新中国成立后第一次承办的大型洲际运动会，邓小平十分关心这一盛会，他把一顶印有中国国旗和奥运五环标志的帽子戴在头上。

1990 年底，中共中央、国务院同意由北京申办 2000 年奥运会。伍绍祖后来回忆说："我知道，小平同志早在 70 年代就表示过，中国应该办奥运会。但在亚运会还没有办完的情况下，是否申办奥运会，有些同志还有疑虑。由于小平同志的过问，促成了申办奥运会的决策。事后证明，申办奥运会是深得全国人民拥护的，群众热情很高，尽管申办之路出现过挫折。"

1993 年 9 月 23 日，北京以两票之差与 2000 年奥运会失之交臂。申奥代表团回来几天之后，伍绍祖参加国庆节的一个活动。邓小平一见到他就关心地询问北京申办奥运会的事情。伍绍祖向邓小平简要介绍了蒙特卡洛最后投票的情况，说："国外有人捣鬼。"邓小平沉默片刻，以慈祥平静的口气勉励他们说："申办不成，没有关系，总结经验。"略作停顿，邓小平又说，当他得知北京申奥失利的消息后，第一反应也是有人捣鬼。他告诫伍绍祖说："西方什么允诺都靠不住，这个道理要管好多年，不要轻易相信许诺，没有拿到的就不要信。"

10 月 31 日，邓小平在北京市副市长张百发的陪同下乘车考察北京城。

谈话间，邓小平又问到申办奥运会的事情。在车上，邓小平向张百发提起了奥运会。张百发简要地介绍了最后投票的情况。当讲到主要是西方一些国家反对时，邓小平说："这是意料之中的事情，关键还是把我们自己的事情办好。"在场作陪的邓小平的家人说："投票那天，老人家还想坚持看电视实况转播呢，我们考虑他这么大年龄，身体要紧，就动员他去睡觉。可是，早晨一起来，他第一句话就问投票结果怎么样。"

5年后，1998年11月，经中央批准，北京宣布申办2008年奥运会。2001年7月13日，国际奥委会第一百一十二次全会宣布：北京获得第二十九届2008年奥运会主办权。

（文/孔昕）

少年儿童送给邓小平的一组书画

少年儿童送给邓小平的一组书画。

在广安邓小平故居中陈列着一组有趣的书画作品，有画着象征长寿寓意的寿桃，有画着气宇轩昂的雄鸡，还有用清秀的书法撰写"松柏长青"的祝福。这些作品均出自全国各地的少年儿童之手，为庆祝邓小平寿辰献上来自他们最真挚的祝福和最崇高的敬仰。

1992年2月12日，上海县马桥乡旗忠村幼儿园的小朋友整整齐齐排好队，在老师的带领下迎接一位非常重要的客人。一个胖嘟嘟的小男孩兴奋地欢呼着："邓爷爷好！邓爷爷好！"邓小平从工作人员手中亲切地揽过小男孩，在稚嫩的小脸上留下了亲切的一吻。这温馨的一幕发生在邓小平视察上海闵行开发区和上海县马桥乡旗忠村期间。

邓小平始终关心关爱少年儿童的成长，强调对少年儿童的培养，就我国少年儿童事业的发展作出一系列重大部署，郑重提出要把少年儿童培养成为社会主义事业合格的建设者和接班人。他站在时代和战略的高度指出："我们一定要认识到，认真选好接班人，这是一个战略问题，是关系到我们党和国家长远利益的大问题。"

1958年9月23日，邓小平视察四平市六马路小学和这个学校的红领巾工厂时，对该校学生的学习和劳动安排表示满意。他特别指出，儿童年龄小，参加劳动不要太累，组织劳动生产要注意儿童的兴趣，要搞多种多样的劳动，培养多面手。他勉励红领巾们要好好学习，天天向上，长大接好革命班。其实自20世纪五六十年代，每年的"六一"国际儿童节邓小平都要在景山公园接见景山学校的少先队员，了解学校的教改情况，勉励少年儿童要好好学习。1980年5月26日，邓小平为《中国少年报》和《辅导员》杂志题词，"希望全国的小朋友，立志做有理想、有道德、有知识、有体力的人，立志为人民作贡献，为祖国作贡献，为人类作贡献"。1985年12月北京少年宫建宫30周年前夕，他又愉快地为其题写了"北京少年宫"宫名。一件件往事，寄托了邓小平对少年儿童无微不至的关爱和殷切的期望。

"从娃娃抓起"是邓小平的口头禅，也是他对少年儿童工作开展的重要思考。从党的事业、民族复兴的大局考虑，邓小平对培养下一代具有强烈的责任感和紧迫感。

品德教育要从娃娃抓起。1960年2月22日，邓小平到蜀山人民公社的幼儿园视察。幼儿园负责同志着重介绍了孩子们的思想品德教育情况。邓小平听后连连点头，说："品德教育应从娃娃抓起，因为他们是我们未来的接班人嘛！"改革开放后，面对国际国内出现的新形势，邓小平更加关注少年儿童的品德培养。1978年4月22日，他在全国教育工作会议上指出："革命的理想，共产主义的品德，要从小开始培养。"1983年5月，他号召广大团员青年"学习张海迪，做有理想、有道德、有文化、守纪律的共产主义新人"。随后在1985年他正式提出了培养"四有"新人的目标，为少年儿童的健康成长进一步指明了方向。

体育要从娃娃抓起。从年少时就开始看球的邓小平，对足球等体育竞赛发展十分了解。1974年1月4日，邓小平在听取国家体委、中华全国体育总会、中国足球协会负责人汇报工作时，谈到要把学校的体育工作搞好。他指出："足球不从娃娃搞起，是上不去的。""体育专业队目前需要补充，得从娃娃选起。"

法制教育要从娃娃抓起。邓小平认为青少年是未来的建设者，他们的法制观念如何，将会直接影响社会主义现代化事业的成败。1986年6月28日，邓小平在中央政治局常委会上专门讲了对青少年加强法制教育问题，他说："法制教育要从娃娃开始，小学、中学都要进行这个教育，社会上也要进行这个教育。"

计算机的普及要从娃娃做起。1983年12月28日，邓小平会见杨振宁。杨振宁说美国都是十六七岁的娃娃搞软件，好多尖端技术都是娃娃搞出来的，并建议在中国科技大学少年班成立软件小组。邓小平听后，肯定道：这个意见很好。要看得远一点，要不然来不及。科技大学要作为重点支持。1984年1月，邓小平在参观中国航空技术进出口公司深圳工贸中心，听取关于引进国外先进技术生产电脑设备和软件的汇报时又提及了此事，他讲道："搞软件，我们有条件，中国有一大批好的娃娃。现在不少下象棋、围棋的都是娃娃"。

1984年2月16日，正值元宵节，曾在上海市少年计算机程序设计竞赛中获一等奖的初中生李劲和小学生丛霖，用自己编制的程序，在电子计算机上表演了团体操队形变换，机器人歌唱"我爱北京天安门"，电脑下黑白棋等节目。而正在观看的嘉宾，便是来此参观微电子技术及其应用汇报展的邓小平。邓小平站着观看了全程表演，并和两个孩子握手，询问他们的名字年龄，随后转身对大家说："计算机的普及要从娃娃做起。"

邓小平高度重视科技和人才战略，鼓励广大青少年从小树立追求科学的理想，积极参与科技创新实践。邓小平女儿邓榕谈道："有一天，他很郑重其事地把我们大家都给叫来了，他说你们都在这，咱们来研究研究，这点钱能干什么？捐到什么地方去？然后我们就说，你想都90年代了，80多万也没多少钱。我们说能干什么呀，你捐给希望小学吧，或者捐个什么，商量了半天。最后我父亲自己说，那还是捐给科技和教育吧。"邓小平要把什么钱捐出去呢？原来是《邓小平文选》这部对中国乃至世界都有着深远影响的著作所获得的稿费。

2004年1月，邓小平夫人卓琳致信中央，表示遵照邓小平的遗愿，拿出全部稿费捐给科技和教育事业。在邓小平诞辰100周年之际，邓小平亲属捐献出邓小平生前全部稿费，由团中央、全国青联、全国学联、全国少工委共同设立了中国青少年科技创新奖励基金，旨在鼓励青少年努力学习科技知识，从小培养创新精神和创新能力。正如邓小平所说："青少年是祖国的未来，科学的希望。"这部著作的稿费，至今仍在为我国青少年科技创新贡献着实实在在的力量。

"这就要抓教育，要从娃娃抓起。""儿童是我们的将来，关怀我们的儿童就是创造我们的美好的将来。"这些重要论述无一不表现出邓小平作为伟大的老一辈无产阶级革命家对少年儿童健康成长的关心与爱护，对祖国未来发展的高度负责，对党的事业薪火相传的赤诚期待。永远鼓舞着少年儿童茁壮成长，成为可堪大用能担重任的栋梁之材。

（文／苏歆）

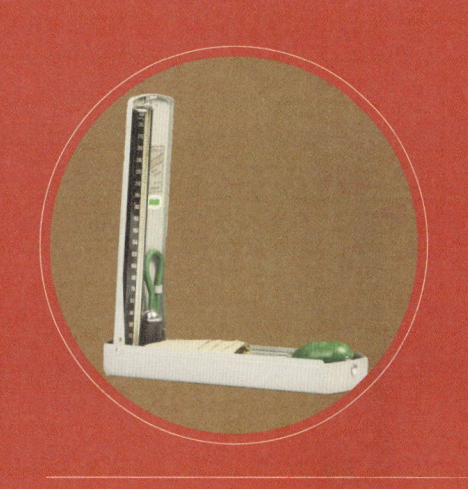

血压计

伴随邓小平晚年的血压计。

邓小平的一生，波澜起伏，极富传奇色彩。作为一名马克思主义者，邓小平以唯物主义者的精神看待生死问题，对待人生，通透豁达；对待生老病死，处之泰然。早年，邓小平和周恩来等革命战友还曾约定，将来去世后，不留骨灰，全部都要撒掉。即使晚年被病痛折磨，邓小平仍然保持着一名马克思主义者的坚定与乐观。现在保存的血压计，伴随了邓小平最后的岁月。

邓小平功高至伟却从不居功自傲。1985年10月23日，邓小平会见了美国时代公司组织的以亨利·格隆瓦尔德为团长的美国高级企业家代表团。美国《时代》杂志海外版编辑普拉格提问：我想问一个关于你个人的问题。在你漫长的革命经历中，你多次改变了中国人民的命运和方向。如果今后你不在了，你希望人民如何来怀念你？邓小平回答道："永远不要过分突出我个人。我所做的事，无非反映了中国人民和中国共产党人的愿望"。他以唯物主义者的精神看待生死问题，对家人说："我哪天去，哪天走，不关紧要。自然规律违背不得，你们要想透这个问题。"生死问题对邓小平而言从来都不是禁忌的话题。以往在与家人吃饭的时候，他就多次坦然地谈起过生死问题。他说，将来我要是死了，你们不要给我建墓碑，也不要保留我的骨灰，你们拿到厕所里冲了就行。1989年9月，邓小平在同中央负责同志商量退休问题时还曾说过："我的退休方式要简化，死后丧事也要简化，拜托你们了。"

邓小平是彻底的唯物主义者，有一次邓小平在家里看电视，电视里播报义务献血的新闻，医护人员在旁边讲解，主要是义务献血法制化的问题。这时，邓小平看着自己的胳膊。医护人员问："首长怎么了？"他说："你看，我的胳膊的血管有红颜色，我也可以献血。"医护人员赶紧解释说："首长，不用你献血，法律有年龄限制，有年轻人去献。"他又表示"以后要把角膜捐献出来"。

邓小平是个非常坚强的人，这在他的革命生涯中早已得到证明。在接受治疗时，他表现得也同样坚强。在人生的最后几年，邓小平因身体状况的原因，多次接受治疗。他每次都积极配合检查或治疗，从来没有因为自己的地位和声誉而在治疗中提出特殊要求，他仅仅将自己看成一名普通病人。做胃镜、肠镜的检查，年轻人也未必受得了的痛苦，90多岁的邓小平却从没有说过一声。

邓小平晚年患有帕金森病，这种病晚期是很痛苦的，从早到晚陷入疾病的折磨中，有些人会呻吟，有些人会叫喊，还有的病人不配合医生，对治疗有抵触情绪。但他都是默默忍受，完全配合医生的治疗，对自身的疼痛从来不说。医护人员回忆说："晚年，首长的病情有一些发展，行动不太方便，有时还是很痛苦，一般人可能难以忍受。但是，首长像平时一样，从不向医护人员提特殊要求，要什么药，真是太坚强了。""我能体会他临终前还是比较痛苦的，但一声不吭。就是这样，而且我觉得他很平静"。

身边的医护人员最能了解病痛的程度，他们在护理邓小平的过程中，因为不能够为他解除痛苦，常常感到愧疚和难过。"首长病重期间，他的家属与首长一样，一点要求都没有，不干涉医护小组的方案，小组完全可以自己作主。当然，每一套方案实施前，我们还是要请他的家属签字，他们只是履行形式上的手续，对我们特别的信任、放心。"到最后，邓小平的血管很不好找，"很不清楚，扎针扎不准，有时扎了好几针。这不是医护人员的技术不行，他的生命到晚期，血管的确找不准。常常扎好几针才找到血管，首长也不说你什么，从没提出换一个人扎针。我们很心痛，我很佩服老人的毅力，以及他对疾病的态度。"一次做静脉穿刺的过程中，护士发现邓小平虽然难受但却在坚持忍受，护士抑制不住感情心疼地掉了泪。穿刺结束后，邓小平反而安慰护士说，没什么可着急的，那么发愁干什么，要高兴起来！

1996年12月，邓小平因病情加重住进了医院。谁也没有想到，他这一走就再也没有回来。1997年1月1日开始，重病卧床的邓小平，在电视机前观看了中央电视台在黄金时间播放的12集大型纪录片《邓小平》。医护人员回忆说：因为首长耳朵不太好，与电视机的距离又比较远，我们要在旁边给他讲，就是电视里讲什么我们重复什么。包括原来看新闻也是这样，新闻里讲一句，我们就跟他讲一句。他一边看着画面，一边听我们解说。《邓小平》是从1月1日开始放的第一集，每天放的时候我们就给他讲，12集全都看了。有的时候镜头比较远、比较模糊的时候，他会问，那边走过来的那个是谁呀?我说,那个是你呀,你看清楚了?后来,走近了,或者镜头拉近后,他看到了,自己在那里笑一笑。有时,片子里有一些对他的评价,我们就重复给他听。讲的时候我就注意看着首长的表情,有时候感觉首长——我不知道我形容得准确不准确——就感觉他好像有点不好意思。就是被表扬以后,不好意思的那种感觉。

邓小平有时候昏昏沉沉地睡着,有时候异常清醒,还是不说话,他已经不再评价别人,也不再在意别人对他的评价。医护人员问他还有什么话想说。他在1992年说了那么多话,现在总该再给中国人留点什么吧?可是那几个星期他没有再谈那些话题,他淡淡地回答:"该说的都说过了。"

1997年2月19日21时08分,邓小平终因帕金森病晚期并发呼吸功能衰竭,抢救无效,一颗伟大的心脏停止了跳动。

邓小平很早就表态要向祖国捐献遗体,以供医学研究。邓小平去世后,夫人卓琳带领全家给中央写了一封信:

近来小平同志病重,作为他的亲人,我们的心情十分沉重。我们知道,中央的同志们都很关心小平同志,也与我们一样,已开始考虑有关后事安排。小平同志是彻底的唯物主义者,对于生死问题的看法向来达观,关于他的后事,近年来曾对我们多有交代。为了体现小平同志一生的追求和信念,完美地完成他人生的最后一个篇章,根据他的嘱托,我们提出如下意见:一、不搞遗体告别仪式。小平同志历来主张丧事从简,不搞遗体告别仪式符合他的看法。二、追悼会在火化后举行。骨灰盒以中国共产党党旗覆盖,上方悬挂体现小平同志精神面貌的彩色照片,以表达庄重肃穆的气氛。三、家中不设灵堂。四、捐献角膜。解剖遗体供医学研究。五、不留骨灰。根据小平同志本人的意愿,把骨灰撒入大海。小平同志毫无保留地把毕生奉献给了祖国和人民,我们希望,我们为小平同志所做的最后一件事,既能体现小平同志的精神本质,又能以最朴素和最庄严的方式表达我们的哀思。

作为一名共产党员，他至死都心系着祖国和人民，希望将自己的一切贡献给中国人民。

邓小平喜欢大自然，热爱大自然，他认为自己是属于大自然的。在他去世后，家人也认为应该让他回到大自然的怀抱，这也意味着他无时无刻不在，他永远都跟家人在一起，在天地万物之间。因此在征得中央的同意后，家人把他的骨灰撒向了大海。邓小平喜爱大海，少年时他曾跨过大海寻求救亡图存的良方，从此踏上革命的道路；一生中，他最喜欢的体育活动之一是在大海中游泳，在起伏的海浪中畅游；而这一次，尊重他的本人意愿，骨灰撒放大海，完美地完成他人生的最后一个篇章。

（文／孔昕）

后记

在邓小平诞辰120周年之际，书稿顺利付梓刊印，我们感到由衷高兴。

睹物思人，通过邓小平的文物及其背后的故事，能够窥见他信念坚定的政治品格、热爱人民的伟大情怀、实事求是的理论品质、开拓创新的政治勇气和高瞻远瞩的战略思维。这是了解邓小平、走近邓小平内心世界的一条捷径。《我是中国人民的儿子——邓小平文物故事》这本书，正是这样以邓小平生平业绩为主线，选取不同历史时期的珍贵文物，以图文并茂的形式，讲述文物背后鲜为人知的精彩故事，从不同侧面生动反映邓小平的精神风范和对中国革命、建设、改革建立的不朽功勋。

书稿是集体努力的成果。全书由蒋永清、李俊菲担任主编，王桢、周才军担任副主编，参加撰稿的学者有周锟、王达阳、叶帆子、孔昕、苏歆、李瀚、熊合欢和任非。本书各篇目的撰写者均从事改革开放新时期党史研究、宣传工作。在写作过程中，既抒发了多年来从事邓小平思想生平研究的心得体会，同时也借鉴、吸收了学术界的不少研究成果。尽管我们全力以赴，但由于水平所限，书稿难免挂一漏万，敬请广大读者批评指正。

将想法变成文字，令笔墨跃动纸上，离不开出版社的筹划与支持。中共党史出版社是党史读物的权威出版机构，这些年为展现党的百年风华奉献了很多有影响力的著作。去年初，出版社的同志提出要策划一本适合大众阅读的图书，以迎接和纪念邓小平周年诞辰，发挥党史工作以史鉴今、资政育人的作用。这与我们的想法不谋而合。呈现在广大读者面前的这本书，就是我们共同努力的成果。在此，谨致以衷心的感谢。

2024 年 6 月